Date: 03/24/21

SP 155.4124 TOM
Tomasella, Saverio,
Niños sensibles, niños felices
: cómo ayudar a tu hijo a

Niños sensibles, niños felices

Título original: J'aide mon enfant Hypersensible à s'épanouir
Traducido del francés por Luisa Lucuix
Diseño de portada: Editorial Sirio, S.A.
Ilustraciones: Marie Bretin
Maquetación de interior: Toñi F. Castellón

© de la edición original
2018, Leduc.s Éditions
29 boulevard Raspail
75007 Paris – France

© de la presente edición
EDITORIAL SIRIO, S.A.
C/ Rosa de los Vientos, 64
Pol. Ind. El Viso
29006-Málaga
España

www.editorialsirio.com
sirio@editorialsirio.com

I.S.B.N.: 978-84-17399-13-9
Depósito Legal: MA-301-2019

Impreso en Imagraf Impresores, S. A.
c/ Nabucco, 14 D - Pol. Alameda
29006 - Málaga

Impreso en España

Puedes seguirnos en Facebook, Twitter, YouTube e Instagram.

Saverio
Tomasella

Doctor en psicología

Niños sensibles, niños felices

Cómo ayudar
a tu hijo a vivir
el don de la
hipersensibilidad

EDITORIAL
SIRIO

A todos los niños, pequeños y grandes,
y a sus padres.

Deseo dar las gracias a Bernadette Bornancin y Jeannine Deunff, apasionadas investigadoras de la pedagogía, particularmente observadoras e inventivas, por todo lo que he descubierto o comprendido sobre el niño durante los numerosos años vividos junto a ellas.

Agradezco igualmente a Karine Hyenne por su participación, tan generosa como delicada e iluminadora, en la redacción de esta obra.

«La hipersensibilidad nos acerca a la inocencia de la infancia».

Marie-France de Palacio

Índice

Introducción

«Todo respeto por la infancia es poco».

Juvenal, *Sátiras*

L a sensibilidad es propia del ser humano, todos lo sabemos, aunque podamos tender a olvidarnos de ello. Así, el niño nace sensible. A medida que pasan los meses y los años, sobre todo a partir de los siete años, o en ese momento de su crecimiento, algunos niños se muestran más sensibles que otros, según unos criterios que pueden ser los del mismo niño o los de su entorno. Veremos que estos criterios influyen mucho en la manera de considerar al niño y su sensibilidad. Sea como sea, de una forma más global siempre se pueden identificar las características de esos niños altamente sensibles para comprenderlos mejor y ayudarlos a ser felices.

En el centro de la sensibilidad se encuentran las emociones, presentes en todos nosotros desde que estamos en el útero materno. Las emociones van marcando nuestra existencia en función de las circunstancias, según una escala muy amplia, que va de la sorpresa más ligera a la alegría más intensa. La emoción puede provenir de nuestro interior tanto como de nuestro entorno externo y la situación en la que nos encontremos. Algunas de nuestras percepciones son inconscientes; otras, más o menos conscientes, y otras emergen en ocasiones particulares. También podemos heredar emociones de nuestros antepasados o vernos influidos por las de nuestros allegados, pues son de fácil transmisión.

El niño experimenta numerosas emociones a lo largo del día. La viveza de su sensibilidad hace que sus reacciones emocionales sean más visibles que las del adulto. El niño descubre el mundo y la vida. Necesita tiempo para familiarizarse con la miríada de situaciones inéditas que pueden molestarlo, suscitarle dudas y preguntas, atormentarlo o hasta transformarlo. El niño trata de comprender cada una de sus experiencias. No solo se pregunta sobre lo que él mismo está viviendo sino también sobre lo que viven sus allegados, sus amigos y, principalmente, sus padres y sus hermanos. Las preguntas que se hace son esenciales para su desarrollo y necesitan ser escuchadas y tomadas en serio por el adulto que se ocupa de él. Una situación difícil para el niño o para su entorno, sobre todo si se prolonga, puede generarle el mismo trastorno que una alegría intensa o, más todavía, que una fuerte excitación. Más que nadie, el niño altamente sensible necesita que lo acompañemos, que confiemos en él.

Estos niños no se parecen entre ellos. Algunos se expresan más, otros parecen más receptivos o más frágiles ante los acontecimientos... Los niños que no expresan sus emociones con facilidad las sienten igualmente, aunque no consigan formularlas, y o bien se toman el tiempo de pensar en ello o bien prefieren guardarlas para sí. Recordemos que los chicos sienten tantas emociones como las chicas y que no hay más chicas hipersensibles que chicos hipersensibles. Por supuesto, la sensibilidad no se reduce a las emociones; es muy amplia, de hecho, y engloba también las sensaciones, los sentimientos, las intuiciones, etcétera.

Esta guía se dirige a los padres, abuelos, educadores, animadores, profesores, psicólogos y todas aquellas personas que deseen conocer mejor el mundo de la infancia, así como a todos los que disfrutan de la compañía de los niños. Vamos a explorar las distintas facetas de la alta sensibilidad (o hipersensibilidad) tal y como la viven los niños, desde el nacimiento hasta los quince años. Cada niño es único. Veremos cómo acompañar al niño altamente sensible y cómo ayudarlo a conocerse mejor y a escucharse, a respetar sus necesidades y a comprender lo que siente, y a expresar claramente lo que le parezca importante compartir con los demás. En la práctica, buscaremos cómo manejar la hipersensibilidad, principalmente mediante el apaciguamiento del raudal de sensaciones, la aceptación de las emociones (incluso las más difíciles, como la angustia o la cólera), el fomento de la inteligencia emocional, y el cuidado del cuerpo en función de la edad del niño y sus posibilidades del momento, todo ello respetando su personalidad en formación.

Aquellos adultos que se encuentren en proceso de autoconocimiento, que piensen no haber estado lo suficientemente acompañados durante su infancia y que deseen asimilar sus emociones también encontrarán de utilidad las observaciones y los consejos que jalonan este libro. Les servirán para comprender mejor su historia, revisitar su pasado, volver a apropiarse de su memoria emocional y familiarizarse con el niño sensible que fueron.

Ayudar a los niños en el sentido de una mayor humanización contribuye al correcto desarrollo de su psiquismo, les da unas bases sólidas para que puedan realizarse y los sitúa en unas condiciones óptimas para enfrentarse lo más serenamente posible a los avatares de la vida y saborear sus riquezas.

A lo largo de los años he ido desarrollando un enfoque al que llamo *creative playing*, es decir, creatividad lúdica, y que corresponde al mismo tiempo a «crear jugando» y a «jugar creando». No se trata de aplicar preceptos, principios o reglas, aunque provengan de estudios considerados «científicos», sino de empezar a estar disponible para uno mismo y para el niño y favorecer así la creatividad lúdica ante cualquier situación, privilegiando lo que se presente en el momento y abordándolo de forma satisfactoria para ambas partes. De esta manera, se facilita la relación entre el progenitor y el niño (o el profesor y el alumno), y se hace más fluida, más dinámica, más flexible, más justa, pero también más viva y más alegre. Gracias a esta capacidad de creatividad racional que se desarrolla y se enriquece a lo largo de las experiencias vividas y que permite la realización duradera del niño,[*] tanto este como el adulto se vuelven capaces de adaptarse a la situación que se les presente, independientemente de su dificultad.

---

[*] He desarrollado los conceptos de la realización y el empoderamiento (*empowerment*) en la relación. La creatividad lúdica forma parte de esta dinámica beneficiosa que favorece las relaciones humanas. Ver mi obra *Attention, cœurs fragiles!*, Eyrolles, Francia, 2018.

12 reglas de oro para favorecer la realización del niño

1. Hacer de la sensibilidad y la fascinación el centro de la vida diaria.
2. Hablar con tu hijo, desarrollar vuestra relación, buscar juntos.
3. Dedicar un tiempo cada día a estar a solas con él.
4. Favorecer la relajación, el bienestar, el juego y la diversión.
5. Hacer pausas y beber agua con regularidad.
6. Dejar que el niño descubra por sí mismo.
7. Alentar su curiosidad.
8. Desarrollar el respeto mutuo.
9. Estar a la escucha.
10. Estimular su creatividad.
11. No juzgarlo.
12. Ser justo.

1

¿Quiénes son los niños hipersensibles?

> «Tarde o temprano, el niño altamente sensible se da cuenta de que es "diferente", y es lógico, porque es diferente».
> **Else Marie Bruhner,** *Hypersensible, et alors?*

Hace varios años que la tendencia social dominante quiere que seamos fríos, comedidos, lineales, «gestores» de nuestras emociones... hasta el punto de olvidar que *la sensibilidad es la puerta hacia la inteligencia,* que *los sentimientos nos ayudan a pensar* y que *nuestras percepciones contribuyen a que reflexionemos como es debido.*

La rudeza de los tiempos modernos y la violencia del mundo actual hace que ciertos individuos o grupos de individuos rechacen la sensibilidad a la hora de afrontar los avatares de la vida. Puede incluso que lleguen a predicar y practicar la indiferencia, el cinismo e incluso la manipulación para conseguir sus fines y asegurarse el éxito. Aunque muchos medios de comunicación se hagan eco de la aparente fuerza de estas personas y conviertan su insensibilidad en un modelo, el gran riesgo es que olvidemos que el ser humano es esencialmente sensible.

Los adultos que trabajan en contacto con niños constatan cada día hasta qué punto estos son maravillosamente sensibles. Por eso, los padres y los profesionales de la infancia deben aceptar y acoger la sensibilidad si desean ser educadores «lo suficientemente buenos» para los niños a su cargo y contribuir a que se sientan felices.

▶ Comprender mejor la sensibilidad y la hipersensibilidad

«Todos experimentamos algún día un momento de sensibilidad, de gracia, en el que nos alcanza una imagen, en el que una nota, una palabra, resuena en nosotros».

Françoise Mallet-Joris, *La maison de papier*

¿Qué es la sensibilidad?

La sensibilidad es la capacidad de experimentar sensaciones, emociones y sentimientos a unos niveles más o menos fuertes. Puede proceder de una agitación interna, pero también manifestarse como reacción a acontecimientos externos, sobre todo en la relación con el otro. Interviene igualmente ante determinados paisajes o situaciones de la vida. El cielo, la luz, los perfumes o los sonidos de la naturaleza, que influyen tanto en nuestros sentidos como en nuestros sentimientos, despiertan y alimentan la sensibilidad.

Aun cuando el ser humano es fundamentalmente sensible, cada uno lo es de forma específica. Algunas personas son más sensibles a lo que ven y otras, a lo que oyen, prueban, tocan o sienten.

Nuestra sensibilidad nos acerca y nos diferencia a unos de otros. La sensibilidad permite desarrollar la simpatía necesaria para comprender a los demás y crear una proximidad real con ellos. Dirigirse a otra persona con sinceridad, partiendo de lo que uno siente, es la mejor manera de entrar en comunicación profunda con ella. Además, elaboramos nuestra singularidad y toda la riqueza que nos hace distintos a partir de nuestra sensibilidad única.

Desde su más tierna infancia, conviene invitar al niño a que afine su sensibilidad animándolo a prestar mucha atención a sus impresiones y a que aprenda a expresarlas, no solo verbal sino también corporalmente. Cualquier actividad artística que se realice en casa, en familia, o con sus compañeros del colegio puede contribuir a ello de manera importante. Cuanto más expresan los adultos los matices y la riqueza de su propia sensibilidad, más animado a hacerlo se siente el niño, incluso el más pequeño, y todo el mundo sale ganando.

A veces a los adultos nos da miedo un exceso de sensibilidad, pero los únicos límites que existen son los que nosotros nos fijamos, a menudo de forma arbitraria y por temor a no gustar, a que se nos juzgue o no se nos comprenda. La expresión de la sensibilidad beneficia tanto al que la expresa como a los que asisten a ello. En una relación, la única precaución que se debe respetar es comunicarse con tacto y elegir el momento adecuado para hablar con el otro. Y así, entre otros beneficios, desarrollar nuestra sensibilidad nos ayuda a expresarnos con delicadeza.

• • • • • • • • • • • • • • • • • • •

Educación positiva: los estiramientos

Mens sana in corpore sano... «Una mente sana en un cuerpo sano»: esta antigua máxima revela el secreto del equilibrio, del buen vivir y de la plenitud. Puedes empezar y terminar el día con algunos estiramientos muy sencillos, de pie o tumbado. Puedes hacerlos incluso durante el día. Si ves que vas a bostezar, ni se te ocurra reprimir el bostezo... Los estiramientos permiten una mejor circulación sanguínea y linfática, una mejor circulación de la energía; despiertan el cuerpo suavemente y aportan una verdadera relajación, una disponibilidad al instante, a la vez que intensifican la respiración profunda. En definitiva, solo presentan ventajas. Estírate tanto como lo necesites y descúbreles este maravilloso hábito a tus hijos.

• • • • • • • • • • • • • • • • • • •

¿Qué es la hipersensibilidad?

Hipersensible*... Este calificativo todavía sienta con demasiada frecuencia como un jarro de agua fría y nos suena a defecto. ¿Los hipersensibles no son esas personas tímidas, que se ponen rojas, se asustan, se enfadan, son susceptibles y no sé qué otras cosas más? En realidad, mucho más allá de los estereotipos, una alta sensibilidad o una hipersensibilidad puede designar una intensa receptividad, o una fuerte emotividad, o una gran expresividad. Está intrínsecamente ligada a la simpatía, la empatía y la compasión. Es indisociable de la intuición, de la creatividad y de una importante disposición para experimentar y vivir los sentimientos.

Vista desde fuera, la hipersensibilidad parece corresponderse con una angustia intensa, lloros frecuentes, un aparente nerviosismo, dificultad para aceptar las críticas, búsqueda de reconocimiento, etcétera. Estas características quizás estén presentes de una manera o de otra, pero no son determinantes; solo se trata de manifestaciones externas y pueden deberse a otras particularidades personales. Cada niño «hipersensible» es distinto, único. No hay un retrato tipo. Puede ser emotivo, impresionable, irritable, tener los sentimientos a flor de piel, ser muy permeable a los ruidos, los olores, los distintos ambientes, los reproches...

---

* Muchos de los niños a los que hoy en día se les aplica de forma precipitada la etiqueta de «hiperactivo», «hiperpensador», «emotivo», «bipolar», «superdotado», «precoz», «de altas capacidades», «Asperger», «émpata», «índigo», etcétera, son en realidad hipersensibles.

En realidad, no se trata de designar al niño a partir de señales externas, porque ¿quién mejor que él para medir su propia sensibilidad y percibir la intensidad de sus manifestaciones en función de las situaciones que vive? Es preferible, pues, que los adultos no cataloguen al niño con la etiqueta de «hipersensible», sobre todo si la utilizan como sinónimo de «insoportable» o de «infernal», algo que, por desgracia, sigue siendo el caso muy a menudo. Mejor que dejen que se exprese con libertad, aunque puntualmente se le diga que es muy sensible y que esta gran sensibilidad es una cualidad que aprenderá a conocer mejor.

El autodescubrimiento de la sensibilidad por parte del niño lleva su tiempo, necesariamente. Los principales fenómenos que caracterizan una sensibilidad muy intensa son la amplificación de las sensaciones, ya sean agradables o desagradables, y la ausencia de filtro respecto a la realidad. Reciben los acontecimientos de lleno, en cierto modo, sin protección posible.

¿Cómo se desarrolla esta forma de sensibilidad?

La sensibilidad es una potencialidad con la que nace el bebé. Se desarrolla más o menos claramente y de forma más o menos favorable en función de las circunstancias de su vida, de su relación con las personas de su entorno y de su historia. Su entorno lo ayudará o no a aceptar su sensibilidad, a hacerla fructificar y a canalizarla.

En el mejor de los casos, la sensibilidad se desarrolla gracias a la familia, que potencia la expresión libre del niño. Desde el comienzo es vista como una cualidad, una fuerza y un recurso. Gracias a ello el niño la vive sin sufrimiento. ¡Por suerte no se trata de casos aislados!

En el extremo opuesto estaría el individuo dotado de una sensibilidad a flor de piel que nace en una familia que la niega, la rechaza, la denigra o simplemente la teme. En estos casos el niño se siente diferente de sus seres queridos y se encuentra mal. Reacciona tratando de disimular su sensibilidad para protegerse o expresándola con fuerza para intentar que sea aceptada.

En el niño, sea cual sea su edad, la sensibilidad puede exacerbarse tras un episodio doloroso, un duelo difícil, un trauma, un gran miedo... Lo mismo que la historia del niño desde su concepción influye en la hipersensibilidad, esta última encontrará mil ocasiones de revelarse durante la confrontación del pequeño con los acontecimientos de la vida. Su forma de percibir las exigencias y avatares de la existencia y de responder a ellos será determinante en este sentido. Muy rápidamente, el entorno y las situaciones vividas se convierten en elementos esenciales. Un niño puede ser ya muy sensible al nacer, sobre todo si la vida intrauterina fue rica en estímulos o difícil para él, para su madre o para su padre, o incluso para una persona cercana a los progenitores.

Si se produce un acontecimiento determinante, si el embarazo no va bien o el parto es difícil, el bebé es sometido a una especie de «torbellino emocional» sin que él pueda darse cuenta y expresar lo que siente. Desarrolla entonces, desde los albores de su vida, una gran sensibilidad, se muestra particularmente atento y a menudo en estado de alerta. En otros casos, todo comienza después del nacimiento, debido a unos padres muy estimulantes o, por el contrario, depresivos, rígidos, cerrados o que expresan poco o nada sus emociones.

Lo que, por ponerle un término cómodo, llamamos «hipersensibilidad» se desarrolla, pues, desde la vida intrauterina y el nacimiento a partir de una predisposición más o menos grande a la sensibilidad y, sobre todo, en función de la forma en la que los seres cercanos la aceptan. Un niño muy sensible que crece en una familia que favorezca y valore la sensibilidad se encontrará a gusto con lo que siente, mientras que estos sentimientos serán difíciles de vivir o perturbadores para un niño que viva en un entorno diferente.

La hipersensibilidad, alta sensibilidad o ultrasensibilidad es una disposición personal, duradera, temporal o periódica, pero no un estado y, todavía menos, una enfermedad. Los niños son más sensibles, más impresionables ante ciertas circunstancias: la muerte de una persona cercana, un atentado, una enfermedad, una mudanza, la pubertad o la separación de los padres. Un niño puede ser más sensible ante ciertas circunstancias y otro reaccionar a un aspecto diferente de la misma realidad. Toda sensibilidad, incluso la muy alta, es relativa. No existe un criterio absoluto para medirla. La sensibilidad que parece excesiva o extrema para una persona puede resultar normal o natural para otra. Los criterios de evaluación dependen de factores muy personales.

El niño muy sensible está dotado de gran empatía y una fuerte intuición; lo veremos más adelante con detalle. Puede sentir de forma muy intensa las alegrías y las penas de los demás, incluso las de personas menos cercanas o desconocidos, sus ímpetus y sus dolores, sus esperanzas y sus desplomes. Los acontecimientos afortunados o desgraciados del mundo resuenan en él de forma considerablemente amplificada.

Las manifestaciones que hace el niño de su gran sensibilidad pueden ser la expresión de dificultades más profundas que esté viviendo: una sensación de abandono o de rechazo, de amargura o de enfado no expresado, un gran terror, injusticias repetidas, vergüenza, etcétera.

Las pedagogías Montessori, Freinet y Steiner no solo son bienvenidas sino sobre todo muy recomendadas para los niños ultrasensibles, lo mismo que la comunicación compasiva o no violenta (CNV) y todas las formas de «buentrato» que sustentan el conjunto de esta obra y sobre las cuales volveré con regularidad.

▶ Investigaciones científicas sobre la alta sensibilidad

Los criterios que designan a una persona altamente sensible

¿Qué designa exactamente el concepto «alta sensibilidad»? Los investigadores utilizan la expresión *Persona altamente sensible* (PAS) o *ultrasensible*. Tanto en Francia como en Estados Unidos la alta sensibilidad es objeto de estudio.

En realidad, la denominación científica precisa es *sensibilidad de procesamiento sensorial* (SPS). Los niños muy sensibles son a veces calificados de tímidos o «inhibidos», sobre todo en ciertos países occidentales en los que la psiquiatría todavía es normativa. Así, se los puede considerar como introvertidos. Sin embargo, no todos los niños sensibles son tímidos o introvertidos. En realidad, alrededor de un tercio de las personas altamente sensibles son extrovertidas.

Los investigadores estadounidenses califican a una persona como altamente sensible a partir de una serie de criterios. Según ellos, un individuo hipersensible:

- Disfruta de una vida interior rica y compleja.
- Se emociona profundamente con las artes y la música.
- Se siente sobrepasado o conmovido fácilmente.
- Se vuelve torpe cuando lo observan.

- Se enfada rápidamente.
- Es sensible al dolor, la cafeína (y otros excitantes) y el hambre.
- Presta atención a las sensaciones corporales.
- Nota fácilmente las sutilidades.[*]

Mis investigaciones, realizadas desde hace más de diez años, permiten completar este cuadro. A lo largo de este libro, veremos hasta qué punto los niños ultrasensibles son intuitivos, creativos, empáticos, imaginativos, lúcidos, capaces de profundas reflexiones, etcétera.

Nos hemos equivocado pensando que los niños muy sensibles tienen más miedo que los demás. Tienen los mismos miedos que el resto de los niños, salvo que ellos pueden ser todavía más impresionables o interrogarse durante más tiempo. Por eso es inapropiada la idea de que los niños ultrasensibles tienen «miedo de tener miedo».

La ultrasensibilidad afecta, de hecho, a numerosas personas. La hallamos en artistas, poetas, creadores y, de manera más general, la mayoría de los individuos dotados de una verdadera empatía espontánea. Hay que tener en cuenta que un niño ultrasensible es más vulnerable y se desanimará o se deprimirá con más facilidad. Igualmente, su perfeccionismo hace que corra un riesgo más elevado de fatiga escolar (*burnout*).

---

[*] www.psychologytoday.com/blog/neuroscience-in-everyday-life/201707/are-you-highly-sensitive-person-should-you-change (consultado en línea por última vez el 29 de agosto de 2017).

Víctor tiene nueve años. Le gusta pasear por la naturaleza. Al andar, siente como si los árboles se inclinaran un poco hacia él para hablarle. El océano y las montañas le producen una sensación de inmensidad, de infinito. Presiente que existe algo mucho más grande que los humanos. A pesar de no haber recibido una educación religiosa, habla con gusto y espontáneamente de Dios. Cuando entra en una habitación, se fija en los olores y los sonidos, incluso los más tenues, así como en la intensidad de la luz. Una película, un espectáculo o un libro pueden transportarlo o conmoverlo y hacerle llorar a lágrima viva. Víctor es muy concienzudo. Se aplica mucho en el colegio, hace sus deberes solo en casa, pero en cuanto alguien lo observa, se pone nervioso. Es meticuloso y, por encima de todo, trata de no cometer errores. Tiene miedo de que hablen mal o de manera injusta de él a sus espaldas. El humor de los demás lo afecta con mucha facilidad. Se emociona con lo que otras personas viven o cuentan. Le gusta ayudar y desea hacer felices a los demás.

Aunque las estadísticas sobre las personas hipersensibles son cada vez más rebatidas, las personas altamente sensibles representarían del 20 al 25 % de la población.

¿Un cerebro característico?

Según algunos investigadores americanos, el individuo ultrasensible tiene un funcionamiento cerebral específico.

Su cerebro estaría conectado de forma distinta y su sistema nervioso sería más delicado, con un umbral de reacción más bajo, debido a unas percepciones más intensas. Esta hiperexcitabilidad es la característica neuronal que contribuye particularmente a una reactividad emocional aumentada, debido a un umbral de respuesta a la información sensorial inferior a la media. Por ejemplo, el ruido o la luz pueden perturbarlo, al igual que pueden encantarle o disgustarle los perfumes, por muy suaves que sean, dependiendo de su gusto.

Por otra parte, las zonas cerebrales asociadas a la ultrasensibilidad se corresponden con las de la empatía. El córtex insular (o ínsula de Reil) juega en ello un papel particular. Se trata de uno de los lóbulos del cerebro situados en posición interna y pertenece al sistema límbico. Recibe la información relativa a los estados del cuerpo e interviene, entre otros niveles, en la percepción del dolor, las emociones y la conciencia de uno mismo.

El córtex insular de una persona altamente sensible sería hiperactivo, lo que implicaría una conciencia aumentada de las emociones y sensaciones. Esta hiperactividad emotivo-sensorial explicaría igualmente la alta sensibilidad al dolor, el hambre, las estimulaciones de los sentidos y los excitantes (cafeína, teína, alcohol, medicinas, drogas...).

Sin embargo, estudios más recientes han vuelto a poner en cuestión el mito según el cual los niños «hiperpensadores» e «hipersensibles» disfrutarían de una lateralidad particular de su funcionamiento cerebral al utilizar de forma privilegiada su «hemisferio derecho». Para los neurólogos, esta creencia popular no solo es simplista sino errónea. Investigadores de la Universidad de Utah han podido probar que el cerebro es asimétrico, pero no lateralizado.

Durante dos años, estos investigadores llevaron a cabo un estudio en el que se analizaron imágenes por resonancia magnética del cerebro de más de mil personas de edades comprendidas entre los siete y los veintinueve años para determinar si existía una lateralización funcional del cerebro. «Los resultados muestran sin equívoco que el hemisferio derecho es tan activo como el izquierdo. "Algunas funciones mentales están localizadas en un solo hemisferio —explica Jeff Anderson, director del equipo—. Pero nuestros resultados demuestran que los individuos no hacen que un hemisferio funcione más que el otro". Existen, por supuesto, individuos más lógicos o artísticos que otros, pero eso no significa que sean más del *hemisferio izquierdo* o del *hemisferio derecho*».[*]

De modo que cualidades achacadas a los niños «hiperpensadores» como una especie de «hipereficiencia», el pensamiento arborescente o el idealismo son características personales y no consecuencias de un funcionamiento cerebral particular. El cerebro en sí no es nunca

---

* Jared A. Nielsen *et al.*, « An Evaluation of the Left-Brain vs. Right-Brain Hypothesis with Resting State Functional Connectivity Magnetic Resonance Imaging», *Plos One*, 2013 : https://doi.org/10.1371/journal.pone.007127.

la causa de un comportamiento. Por eso un niño muy sensible puede no ser especialmente idealista mientras que otro menos sensible puede serlo mucho más. Es muy importante no crear categorías cerradas, pues serían reduccionistas e incluso aprisionadoras para el niño.

En cuanto al altruismo, se trata igualmente de una cualidad humana que algunos niños desarrollan y otros menos.

Por el contrario, la hiperestesia (aumento de la intensidad de las sensaciones) y la intuición son características que encontramos frecuentemente en los niños hipersensibles. No olvidemos que *cada niño es distinto, tiene una historia específica y cualidades únicas.* A partir de esta singularidad es como conviene acogerlos, con su sensibilidad personal tal y como es.

▶ Las emociones de los niños muy sensibles

Las emociones de un niño dotado de una gran sensibilidad provienen, en parte, de todo lo que siente y, en parte, de su memoria y de su imaginación muy activa, pero también de su relación con los adultos, en función de lo que estos expresan y comparten con él.

Una imaginación fuera de serie

La capacidad de imaginar mundos, personajes, historias e incluso otras realidades está muy desarrollada en los niños altamente sensibles. Esta gran imaginación, combinada con su madurez intelectual, hace que a veces prefieran la compañía de niños más mayores o incluso de adultos. Afirman aburrirse con los niños de su edad y no se implican en conversaciones superficiales, que encuentran sin interés.

Por eso, también puede ocurrirles que se sientan muy solos, desplazados respecto a su familia u otros niños. A veces creen que si fueran más mayores su existencia sería más fácil, sobre todo si los adultos no les conceden atención suficiente.

Para comprender mejor lo que viven estos niños, detengámonos en la historia de Zoe durante sus peregrinaciones de niña ultrasensible.

Hoy joven adulta, Zoe se acuerda de su infancia: «Única niña en un mundo de adultos, no lo encontraba extraño, pero sí muy cautivador. ¡Solo tenía ganas de acceder a él! "Cuando sea mayor" era mi letanía. Utilicé todos los subterfugios, me volví educada y obediente, y luego llena de interés y curiosa. "Cuando sea mayor" recibía siempre la misma respuesta: "Tú no lo entiendes, así que cállate, esto es para los adultos, ¡nos tienes hartos!". Nunca había otros niños en casa, ni invitaciones ni cumpleaños, ¡solo ellos y yo!».

El niño muy sensible quizás prefiera entonces cultivar su imaginación, ya de por sí desbordante.

«Más tímida de lo normal, me tumbaba en la alfombra y los escuchaba, me lo guardaba todo, ¡reflexionaba para descubrir cómo llamar la atención de aquellos gigantes! Nada funcionaba, así que me evadía. Me imaginaba corriendo por la naturaleza, como una orgullosa india encaramada a mi semental imaginario, y cabalgaba, o más bien volaba, de fábula en fábula, ¡feliz en mi mundo completamente inventado! Solía caerme a menudo, torcerme el tobillo, perderme... y solo recolectaba reprimendas o risas, lo que, a mis ojos, era peor todavía».

Para no quedarse muy solos con su sensibilidad y su flamante imaginación, estos niños se inventan amigos o hermanos imaginarios.

«Me acostumbré a jugar con mi hermana imaginaria. Éramos dos hermanas muy feas: yo, la pequeña frágil y enfermiza; ¡aquello me tranquilizaba a mi manera! Mi imaginación confortaba a mis padres en su creencia de que tenían una hija un poco loca y aquello los divertía. ¡Lo peor para ellos era que hablara sola! En efecto, a mí me encantaba charlar, y, harta de murmurar en mi cabeza, hacía las preguntas y las respuestas, ¡inventaba miles de juegos y personajes!».

Grandes interrogantes se esconden tras esta imaginación que hierve y se desborda.

«Los miembros de mi familia –paterna y materna– llegaron incluso a apostar que yo jamás podría tener hijos: "Imposible, no saldrá nunca de la infancia...", "Solo tienen una, ¡qué mala suerte!". Toda aquella información contradictoria me atormentaba y no era capaz de dormir tranquila. Pensaba en ello una y otra vez, llena de miedos y angustias. En plena noche, me ponía a escuchar lo que estaban haciendo o encendía una linterna para leer bajo el edredón e informarme sobre el mundo de los adultos... sola. A escondidas, escuchaba obras de teatro en la radio. Mientras no molestara, nadie se preocupaba de lo demás. Pasé doce años de mi vida tartamudeando y temerosa, con miedo de todo, ¡en todas las áreas!».

El niño muy sensible no sabe esconder lo que siente, sus emociones se manifiestan con toda claridad, y esto a veces complica su vida social o escolar.

«Incluso en clase, algunos profesores se divertían sacándome a la pizarra solo para hacer reír a mis compañeros: "¡El miedo escénico!". Aunque me supiera las respuestas, nunca me atrevía a decirlas. ¡Cómo me habría gustado ser invisible en aquellos momentos de gran soledad! Ante la insistencia del profesor, se me encogía el estómago... y el cerebro se me vaciaba por completo. Totalmente en blanco. Solo me

quedaba salir corriendo a vomitar ante las risitas de la clase...
¡No podía más, me iba a acabar muriendo!».

Afortunadamente, a veces algún adulto intuye lo que podría ayudar al niño a superar sus dificultades y contribuye a que desarrolle la confianza en sí mismo y en sus capacidades.

«Aunque me sentía como una ramita a punto de que la arrancara el menor soplo de viento, tenía sin embargo un don para correr. Un día, ¡sí!, ¡y qué día!, mi profe de gimnasia va y me dice tranquilamente con una inmensa sonrisa bondadosa: "Eh, gacela, ¿te gustaría entrar en el equipo de los chicos para correr los sesenta metros?". Respondí en el acto: "¡Ay, sí! ¡Por favor, señor, sí!". Aquel hombre, entre otros, cambió el curso de mi vida. Lo recuerdo como si fuera ayer...».

En efecto, si valoramos las cualidades del niño, si lo animamos a cultivarlas y lo apoyamos en esta búsqueda, tendrá muchas probabilidades de superar sus miedos y descubrirse a sí mismo.

Zoe ha sido mamá. Sabe hasta qué punto su hija necesitará que la comprendan y la tranquilicen, aunque su sensibilidad y la forma que tenga de expresarla parezcan extrañas o incongruentes a esas personas mayores que se olvidaron de que fueron niños, como tan tiernamente lo describe Antoine de Saint-Exupéry en *El principito*.

En el día a día, las emociones pueden volverse invasoras y problemáticas para un niño ultrasensible, sobre todo si cree que la causa de sus dificultades reside precisamente en su diferencia, en su sensibilidad a flor de piel, porque los adultos lo califican de «demasiado» sensible.

La angustia del abandono

El miedo a ser abandonado o rechazado es frecuente a todas las edades. En el niño altamente sensible, esta angustia puede presentarse de forma particularmente importante si se siente muy diferente de los demás y si sufre por ese desfase con ellos.

> Hélène, madre reciente, se acuerda: «Creo que el miedo más grande de toda mi infancia era el miedo al abandono. A que me abandonaran mis padres, mis hermanos, mis amigos...».

Para muchos niños, este temor es intenso. La emoción puede llegar a volverse invasora si el niño no la comprende y no sabe qué hacer con ella.

> Samira acaba de cumplir diez años. Confiesa muy seria: «Tengo miedo de que mis padres no vuelvan de hacer la compra o me abandonen».

El niño que se siente diferente realmente puede llegar a ser rechazado por sus compañeros del colegio o por sus hermanos. Si no es el caso, puede que viva con ese temor y que sus padres, encontrando demasiado difícil su convivencia, lo desatiendan o lo abandonen.

Cuando esta antigua angustia del abandono vuelve a la superficie, el niño necesita más que nunca la presencia de un adulto de confianza que se ocupe de él, le dedique tiempo, le dé muestras de un afecto sincero y dedique tiempo a hablar con él. El miedo a ser abandonado o rechazado será todavía mayor si el niño carece de pruebas reales de afecto y palabras sinceras.

La obsesión de estar enfermo o loco

Los niños muy sensibles se dan cuenta de que no se parecen a los demás niños. A menudo se preguntan si serán raros o estarán enfermos o locos.

> Hélène continúa: «Estaba siempre como desfasada, nunca me entendían. Yo no me entendía bien a mí misma, y solían dejarme muy claro lo diferente que era. Veía que no era como los demás. El problema es que pensaba que estaba loca y que además nadie me dijo lo contrario en casa».

Para ciertos niños, el temor a la locura se manifiesta al mismo tiempo que fuertes cuestionamientos ante los demás, sus miradas, sus juicios, sus críticas, etcétera.

Karl es un niño de catorce años y una enorme sensibilidad. Tras un periodo de observación para asegurarse de que el psicoanalista no iba a juzgarlo, confesó: «Tengo miedo de que me tomen por un tarado. Mis padres no me entienden. En realidad, no me hablan».

El niño se encuentra solo con sus emociones y no puede compartirlas con las personas de su entorno. Esto acentúa su impresión de encontrarse fuera de la norma social. En otras ocasiones, aunque menos frecuentes, puede que se enfrente a actitudes o comportamientos que no comprende por parte de uno o más adultos de su entorno. A largo plazo, su confusión aumenta. El niño es muy impresionable y puede sentirse desbordado por la incomprensión o lo absurdo de una situación.

El pequeño Thierry confía: «Le temo a la cara de mi madre. No se mueve, es dura como una máscara de hierro. Tiene el pelo despeinado, la nariz muy larga y está muy delgada. A veces me pregunto si estará loca. Grita mucho, sus gritos retumban en mi cabeza. Tiene una voz rara y dice palabras malas. No me siento bien con ella».

Si a algunos niños les impresionan los rostros, otros temen «las palabras que hacen daño», pero también lugares que encuentran feos u hostiles, desprovistos de humanidad; fábricas, por ejemplo, lo metálico, lo construido a base de cemento, el asfalto o lo que no les parece natural. Por el contrario, a los niños hipersensibles les gusta mucho la naturaleza y los animales.

Difícil alteridad

Aceptar las diferencias de los demás y sentirse sereno ante la diversidad exige de nosotros un largo proceso. Cuando son más mayores, los niños muy sensibles pueden expresar agitaciones internas propias del ser humano pero que nosotros, los adultos, no percibimos tan claramente como ellos. En cierto modo, es como si siguieran hablando como niños pequeños. ¿Conservaron el candor y el asombro de su infancia?

En efecto, los niños de corta edad manifiestan espontáneamente su disconformidad o el malestar que les producen las personas mayores, aquellas con un olor fuerte, etcétera. Algunos tienen miedo de los hombres, normalmente porque están más acostumbrados a la dulzura del mundo de las mujeres que los rodean y el de los hombres les parece duro, frío y demasiado serio; es decir, demasiado poco sensible, en el fondo.

Los niños se desconciertan fácilmente ante otros niños, los adultos o las personas del sexo opuesto. Son sensibles a las diferencias, los impresionan los monstruos, los personajes disfrazados de la calle, los caballos, los perros o los ratones. Prestan mucha atención y son prudentes cuando toman el autobús o el metro para ir al instituto o cuando vuelven andando a casa. Cuanto más sensible es el niño, más fácilmente se desconcierta ante la mínima muestra de extrañeza, dureza o incluso rechazo. Sobre todo, temen que no los escuchen, que no los comprendan ni los acepten, que no los amen.

Los adultos nos preguntamos cómo actuar para reconfortar a un niño muy sensible y, en realidad, lo sencillo y deseable es escucharlo y hablarle con tacto y delicadeza, siendo pacientes, sobre todo para respetar su ritmo y ajustarnos a su capacidad de recibir nuestras palabras, capacidad que varía de un niño a otro o de una etapa a otra. El adulto que actúa con atención y bondad y, cuando puede, con ligereza y humor evitando juzgar al niño, sus palabras, sus actos o sus actitudes, felicitándolo o animándolo calma sus preocupaciones a la vez que le devuelve la confianza.

▶ Distintos tipos de alta sensibilidad

La alta sensibilidad o ultrasensibilidad combina seis características principales:*

1. Una atención incrementada, sobre todo a los detalles, y una reflexión más desarrollada.

---

* Para más detalles, puede consultarse el libro de Else Marie Bruhner, *Hypersensible, et alors?*, BoD, 2016.

2. Una saturación rápida cuando hay demasiados estímulos (sensoriales, emocionales e intelectuales) y es imposible procesar toda la información a la vez.

3. Una fuerte receptividad, que se manifiesta por una gran capacidad de escucha, un sentido artístico desarrollado, una emotividad importante.

4. Una sensibilidad para los matices, el tacto, la delicadeza, que no impide la irritabilidad o el enfado.

5. Una gran vigilancia, acompañada a veces de una tendencia a ser reservados, algo que no equivale necesariamente a la timidez.

6. El entusiasmo, la sinceridad, la capacidad de maravillarse, una imaginación desbordante, etcétera.

Sin embargo, no todos los niños hipersensibles viven su gran sensibilidad del mismo modo. Podemos decir, incluso, que *existen tantas hipersensibilidades como hipersensibles.*

Para simplificar y, aun a riesgo de esquematizar, he aquí las cinco familias principales de niños ultrasensibles que podemos encontrar. Por supuesto, no hay una manera de vivir la sensibilidad que sea mejor que otra. Esta presentación no está jerarquizada.

El niño prudente

Se mantiene al margen de los grupos, de la agitación y del ruido. Es tranquilo, reflexivo y muy observador. Discreto e independiente, habla poco salvo cuando se confía a una persona de la que se fía totalmente. Con tendencia a la poesía y la ensoñación, es, sin embargo, particularmente lúcido.

El niño alma de la fiesta

Expresivo y comunicativo, le gusta ser el centro de atención y hacer reír a su público. Vive mal las contradicciones y exige mucha atención de sus padres. El hecho de ser muy sensible pero verse rápidamente desbordado por la profusión de sus sensaciones puede hacer que sea un poco egocéntrico, que parezca torpe en ocasiones o falto de delicadeza.

El niño angustiado

Muy exigente consigo mismo y escrupuloso, necesita que todo esté en orden. Puede parecer difícil de satisfacer y a veces tiene tendencia a gruñir o refunfuñar. Soporta muy mal la injusticia o el sufrimiento de los demás; se siente incomprendido con facilidad, o rechazado. Muy enternecedor y simpático, sus amigos lo aprecian y se confían fácilmente a él.

El niño protector

Su alta sensibilidad se conjuga con una poderosa energía vital. Se consagra en cuerpo y alma a su mejor amigo o a cualquier otro niño que los demás hayan dejado de lado. Como El Zorro o un caballero andante, se desvive hasta el límite de sus fuerzas por proteger a unos y otros. Por la noche, exhausto, se detiene de repente y se duerme pronto.

El niño racional

Es preciso, meticuloso y decidido. Busca la exactitud y hace muchas preguntas. Suele hablar con los adultos y puede parecer mayor para su edad. Lo analiza todo. Se centra en lo que es racional, dándole prioridad al desarrollo de la abstracción y la intelectualización. Su discurso es muy apreciado.

Esta clasificación es solo indicativa, pues son numerosas las formas de vivir una fuerte sensibilidad. El único objetivo que tiene es poner algo más en evidencia la gran variedad de hipersensibilidades que existen. Sobre todo porque cada niño presenta un poco de cada una de estas características, según el momento, el entorno y las personas presentes, aunque ciertas modalidades se le ajusten más que otras.

En cuanto a las altas capacidades, Else Marie Bruhner precisa en su libro[*] y en sus conferencias que las

---

[*] Ver página 48.

altas capacidades o personalidades precoces únicamente corresponderían al 2 % de la población global, mientras que las personas hipersensibles representarían entre un 20 y un 25% (los primeros casi siempre forman parte del grupo de los segundos).*

A continuación, exploraremos más concretamente cómo se presenta esta alta sensibilidad a lo largo de las diferentes edades y cómo podemos hacer los padres para ayudar a nuestros hijos a canalizarla mejor.

El niño estresado

Algunos niños con alta sensibilidad parece como si se opusieran constantemente a los demás niños, se mostraran a la defensiva con los adultos o estuvieran siempre llevando la contraria a los profesores. Otros puede que se comporten de improviso de forma incongruente y en aparente desfase con la situación. Algunos niños muy sensibles no son voluntariamente «provocadores», y, si lo son, se trata de una hiperreacción a su entorno. En realidad, viven un nivel de estrés demasiado fuerte para ellos. Sus capacidades de regulación (hormonales, cerebrales, emocionales y racionales) están desbordadas. Son niños

---

* Las estadísticas sobre el número de personas hipersensibles son cada vez más rebatidas, lo cual es legítimo y comprensible. La alta sensibilidad o ultrasensibilidad concierne, de hecho, a muchas más personas de lo que parece, ya sea de forma duradera o puntual.

maltratados, víctimas de abuso o que han sufrido algún trauma grave.[*]

Para terminar este capítulo sobre la alta sensibilidad de los niños, me gustaría volver a abordar la espinosa cuestión de los diagnósticos. A menudo me sorprenden esas personas convencidas de poder explicar todos los fenómenos psíquicos a partir de un concepto de Freud, Klein o Lacan. La naturaleza humana es tan rica y compleja que resulta *realmente* imposible abordarla, y todavía menos explicarla, a partir de una noción clínica o incluso de una teoría, sea la que sea. ¡Es una pena que algunos especialistas crean que se puede encasillar a un niño, tras haber conversado con él durante varios segundos! Recordemos que la psicopatología es una vieja disciplina que evoluciona con el tiempo. Hoy podemos constatar perfectamente, con algo de distancia, las imprecisiones, los errores e incluso las aberraciones de las nomenclaturas del pasado. Además, existen diversas corrientes y distintas escuelas en el seno de un mismo país o de una misma cultura. Los acercamientos son numerosos y muy variados en todo el mundo. Por último, los especialistas más sutiles y eficaces se guardan el posible «diagnóstico» para ellos, lo reservan para más tarde o trabajan a partir de hipótesis flexibles y evolutivas que pueden invalidar, confirmar o abandonar a lo

---

[*] El psiquiatra Bessel van der Kolk recomienda la mayor paciencia y delicadeza con estos niños. Las humillaciones, los castigos y las sanciones solo sirven para aumentar su malestar y reforzar todavía más su nivel insoportable de estrés (ver aquí página 68).

largo de un tratamiento. Tanto por la paz de los niños, para favorecer su desarrollo humano y la plenitud de su sensibilidad, como por la serenidad de los padres, convengamos que lo esencial es escuchar con benevolencia a cada niño y aceptarlo tal cual es.

2

Aceptar la sensibilidad

«Soy de mi infancia como de un país».

Antoine de Saint-Exupéry, *Tierra de hombres*

¿Te acuerdas del país de tu infancia? ¿Te acuerdas de tu sensibilidad de niño?

Si quieres comprender la sensibilidad tan particular de un niño y ayudarlo a ser feliz, lo mejor es que te concedas el tiempo de retomar el contacto con el niño que fuiste y recordar cómo se manifestaba tu sensibilidad.

¿Por qué? La razón es extremadamente sencilla. Los adultos tenemos tendencia a querer educar al niño a partir de nuestro concepto de la infancia y la educación. Al hacernos adultos, nos forjamos un ideal sobre la infancia. Por eso, lo queramos o no, de manera más o menos consciente tenemos ideas preconcebidas sobre el niño. Luego, una vez padres, profesores o educadores, construimos incluso un proyecto educativo. Hemos leído mucho, asistido a conferencias o visto programas sobre el tema, quizás incluso nos hayamos «formado» para ocuparnos de los niños. Puede que esto nos proporcione una cierta tranquilidad (a nosotros, por supuesto), pero comprender a un niño no exige ninguna formación específica ni lectura particular. *Para comprender a un niño solo necesitamos estar disponibles y dispuestos a escucharlo en el aquí y ahora de lo que ocurra en el momento.* Cada niño es único y no se parece a ningún otro. Del mismo modo, cada situación es única.

Juego 1: dibujar con la mano con la que no se escribe

Un juego muy sencillo para reencontrar la sensibilidad de cuando eras niño es dibujar con la mano que no usas para escribir (la izquierda para los diestros o la derecha para los zurdos) utilizando colores o, mejor aún, pintura para dedos. Verás cómo descubres sensaciones y emociones de tu tierna infancia. Puedes dibujar tu peluche favorito, tus juguetes, tu habitación de cuando eras niño o una casa, un jardín, etcétera. Si tu hijo, al verte dibujar, desea unirse a ti, proponle que dibuje él también, al mismo tiempo que tú, sobre el mismo tema (peluche, juguetes, habitación, casa, jardín...) o sobre otro que le guste.

La mejor manera de comprender a un niño y ayudarlo a sentirse realizado es, pues, redescubriendo nuestra propia sensibilidad infantil. Cuando estamos en busca de las experiencias vividas en nuestra infancia, adoptamos sin duda una actitud más justa con el niño que tenemos delante. Dejamos de actuar aplicando tal o cual idea o consejo, por muy interesantes que sean en teoría. Estamos presentes en la realidad del niño, en la situación precisa del momento concreto.

Tal vez esta manera de actuar te parezca «demasiado simple»; podría incluso decepcionarte en un primer momento. Sin embargo, sé, por experiencia, que es la única forma adecuada y eficaz de cuidar de un niño y dejar que se realice.* Al practicarla con regularidad y tan a menudo como sea necesario, constatarás sus beneficios. Con un importante beneficio adicional: ¡al mismo tiempo, estarás cuidándote y realizándote tú!

Una indulgencia recíproca en la relación favorece una comunicación más clara y apropiada. También permite una verdadera empatía que ayuda a aceptar convenientemente la sensibilidad del niño.

---

* Cuando empleo los términos *desarrollo, despertar* o *armonía*, se sobreentiende la búsqueda de la realización personal del niño.

❯ La verdadera empatía

Las religiones y las sabidurías espirituales de Oriente y Occidente se refieren a la *compasión*, el habla corriente se decanta por *simpatía*, y ambas palabras, una de origen latino y la otra griego, significan exactamente lo mismo: «sufrir», «soportar» con el otro y, por extensión, «experimentar, sentir con él».[*]

La palabra *empatía* ha empezado a utilizarse recientemente en el área de las relaciones humanas y de la terapéutica. La persona que experimenta la empatía «siente con», experimenta la percepción y, por tanto, siente también lo que siente el otro, comparte sensaciones, emociones y sentimientos con él.

No se trata de ponerse en el lugar de otra persona, algo que no es posible en realidad. La empatía no consiste tampoco en sentir lástima o piedad del otro ni en formarnos nuestra propia idea de lo que está viviendo. Se trata verdaderamente de sentir en nosotros mismos lo que el otro está experimentando, dejando que nos afecte la situación que vive y las emociones o los sentimientos que lo recorren en ese momento.

Tomemos el ejemplo de un niño que está triste. La primera actitud sería imaginarnos a nosotros mismos

---

[*] *Pathos*, en griego, o *passio*, en latín, se refieren al hecho de «sufrir con» o, en el mejor de los casos, «soportar con», aunque luego el sentido se haya extendido a «experimentar con». La *compasión*, ese «sentimiento de pena, de ternura y de identificación ante los males de alguien» (Real Academia Española) ha mantenido un sentido únicamente «doloroso», al contrario que la *simpatía*, que ha conocido una evolución más positiva.

en una situación similar a la del niño atemorizado, en un intento de suponer lo que podría estar sintiendo. La segunda actitud equivaldría solamente a lamentarnos y a querer, quizás, consolarlo sin tomarnos el tiempo de escucharlo de verdad. La tercera sería como afirmar que el niño que vive de ese modo la experiencia que sea siente necesariamente tal o cual emoción o comportamiento, etcétera. De hecho, ninguna de estas actitudes es empática o beneficiosa.

¿Qué actitud verdaderamente empática deberíamos adoptar en el caso mencionado? Como adultos, podemos sencillamente acercarnos al niño, ponernos a su altura, incluido físicamente (por ejemplo, arrodillándonos frente a él o sentándonos a su lado), y luego escucharlo expresar su tristeza, dejándonos conmover por lo que oigamos y sintamos en su relato, pero también por su actitud, sus gestos, su entonación, el ritmo de sus palabras, etcétera. Podemos igualmente hacer algunas preguntas simples y concretas. Progresivamente, percibiremos sus emociones, su angustia y su pena y, por tanto, nos habremos situado en la misma onda que él. Solo este *ajuste* del adulto con la vivencia interior del niño permite comprenderlo.

Léa es una niñita muy expresiva. Una noche, su padre se da cuenta de que está muy callada, se ha quedado en un rincón y permanece encerrada en sí misma. Espera un poco y se sienta sencillamente a su lado en la cama. Tras un momento de silencio entre ambos, el padre de Léa le propone leerle un cuento de un libro que a la niña le gusta mucho. Después del cuento, le pregunta si está bien. Poco a poco, Léa se confía y termina por hablarle de un niño de la clase que es malo con ella. Al escucharla atentamente, el padre empieza a compartir con su hija el sentimiento que esta expresa. Se deja conmover por su malestar y por el miedo que tiene de su compañero, y eso le permite comprenderla mejor y decírselo así. Léa se siente aliviada de haber podido hablar con libertad y tranquila porque ha sido comprendida. Por fin puede retomar el juego y su alegría habitual.

Por supuesto, como al igual que en el caso de la escucha, ser empáticos con nosotros mismos nos permite serlo con los demás. En este caso concreto, *cultivar la empatía con el niño que fuimos reforzará la empatía con los niños a nuestro cargo* y será algo natural, no tendremos ni que pensarlo.

En el habla corriente utilizaremos *tacto*, *delicadeza* y *atención* en lugar de *empatía*, que es un término más técnico. A lo largo de este libro veremos hasta qué punto son fundamentales estas cualidades relacionales en el trato con niños.

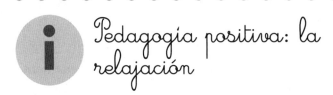

Pedagogía positiva: la relajación

Para ayudar al niño a disfrutar de su sensibilidad en la vida diaria, el adulto puede animarlo a aprender a relajarse de forma muy sencilla: sentado cómodamente en una silla con la cabeza apoyada en las manos, en un sillón con la espalda contra el respaldo o tumbado en la cama o en la alfombra, el niño cierra los ojos y se concentra en la respiración, en cómo va y viene, sin intervenir. Luego visualiza su animal preferido o un paisaje que le guste particularmente... Poco a poco, consigue dejarse llevar y relajarse de verdad profundamente. ¡Cinco minutos bastan! Lo que cuenta es la regularidad. Tras unas semanas de práctica diaria, él mismo lo pedirá.

▶ La fiabilidad

Como ya he indicado, el miedo es la emoción más profunda en el ser humano, y entre los miedos constitutivos, encontramos la angustia del abandono, que el niño siente mucho antes que la angustia de la muerte. Por eso a veces el niño pequeño entra en un estado de pánico en cuanto su progenitor se aleja demasiado o demasiado tiempo de él, como si, fuera de su campo de visión, su madre o su padre dejaran de existir.

En la relación de un niño con sus padres, a veces también con un adulto que aprecie especialmente (abuelos, profesor, educador), el pequeño necesita sentir que cuenta de verdad para el adulto, que es interesante e importante a sus ojos. Espera que esta relación esté basada en una confianza real: la que el adulto le concede y la que él puede concederle a cambio. Dicha confianza solo puede desarrollarse si el niño percibe y constata que la relación con este adulto es de fiar y si el adulto en sí le demuestra una gran fiabilidad. Es entonces cuando el niño siente verdaderamente que puede apoyarse en dicho adulto de su entorno.

La *fiabilidad* es la base necesaria de toda relación sana, sea cual sea y a cualquier edad, todavía más para un niño. El desarrollo duradero de una relación fiable ofrece al niño la posibilidad de conocer y vivir una relación de confianza en la continuidad. La experiencia de esta continuidad le permite crecer de forma equilibrada y sana, desarrollando progresivamente una sólida confianza en sí mismo, en los demás y en la vida. Cuando ambos padres son fiables, el entorno diario del niño está lo suficientemente estructurado para favorecer su madurez. Un entorno así de propicio le aporta la desenvoltura, la confianza y la serenidad necesarias para que pueda llevar a cabo los numerosos aprendizajes que requiere su vida diaria. En este tipo de entorno, encontrará también de nuevo el consuelo y la seguridad cada vez que algo lo perturbe.

Por el contrario, cada vez que el niño experimenta una falta de fiabilidad en su entorno, duda de la capacidad de los adultos para protegerlo. Si ese momento de soledad frente a lo desconocido no dura demasiado, puede salir fortalecido porque habrá podido desarrollar capacidades nuevas para desenvolverse por sí mismo en una situación inédita o incluso difícil. *De este modo, el niño descubre cada vez nuevos recursos y toma conciencia de que es capaz de concebir sus propias soluciones. Progresivamente, adquiere más confianza en su potencial creativo y desarrolla su propia personalidad.*

Sin embargo, cuando esa situación de falta de fiabilidad del entorno protector se prolonga más tiempo de lo que el niño es capaz de soportar en ese momento, no solo empezará a dudar progresivamente de los adultos sino también, y sobre todo, de sí mismo y de sus propias capacidades para enfrentarse a lo desconocido. Puede producirse en ese caso un desaliento que irá intensificándose hasta el punto de provocar en él un desarraigo más o menos fuerte, según la situación. Además de sentirse solo, inmerso en una experiencia que lo supera, constatará que está aislado y sin recursos, en una forma de angustia de la que no comprende nada y en un *impasse* del que no sabe cómo salir. El niño vive entonces esta situación *como un verdadero abandono.*

Las numerosas emociones que sentirá tras este tipo de episodio agotador tendrán por telón de fondo un fuerte miedo a ser abandonado, a veces combinado con un claro desaliento más o menos tenaz. Aun así, esta angustia que provoca el miedo al abandono y este desaliento raramente son conscientes. Una fuerte carga emocional aparentemente «irracional» podrá afectar a los miedos posteriores hasta la adolescencia e incluso la edad adulta. Como este desarraigo parece sin fundamentos, puede que desconcierte a sus allegados. Los padres se sienten superados.

En algunos niños, el miedo a ser abandonado aparece de forma más explícita, y a los padres les resulta más fácil tranquilizarlos. También puede manifestarse más o menos ruidosamente durante las despedidas. Habrá niños que se pongan muy tristes conforme se acerca el momento de despedirse mientras que otros, en el mismo contexto, se pondrán muy nerviosos.

Manon, de unos dos años, y sus padres están de vacaciones en la montaña, en un centro que ofrece actividades para los niños, incluso para los más pequeños. Esto deja a los padres algo de tiempo para dar un paseo por su cuenta. Una tarde, al volver del paseo, el joven padre distingue a su hija presa del pánico, llorando y corriendo hacia un hombre con una maleta. Manon lo ha confundido con él y piensa que sus padres se marchan sin ella. Un violento miedo a ser abandonada se ha apoderado de la niña. Cuando su padre se acerca, la toma en brazos y la consuela, Manon se tranquiliza rápidamente: sus padres no van a irse sin ella.

Todos los padres han vivido situaciones parecidas con sus hijos, con frecuencia en la puerta del colegio, al cambiar de colegio tras una mudanza o antes de marcharse de campamento de verano, por ejemplo, en el caso de los niños algo más mayores. Seguro que todos recordamos alguna despedida difícil o momentos puntuales de nuestra existencia en los que tuvimos miedo a ser abandonados.

Más allá o además de la angustia del abandono, los niños sienten con frecuencia otros temores profundos del mismo tipo: perder el amor de los padres o los abuelos, no volver a despertar en ellos la atención o el interés, etcétera. Algunos niños más o menos mayores temen no ser dignos de amor y, por tanto, que no los amen. Sin llegar hasta el temor de ser abandonados, otros imaginan que les dan de lado, que los olvidan o los rechazan, y llegan a sentirse indignos o sin valor.

Las emociones de los niños son muy numerosas y pueden variar de una edad a otra, sobre todo en sus formas, sus manifestaciones y el modo de expresión. El contenido de las angustias y los temores no depende tanto de la edad. Depende de la historia singular de cada niño así como de sus relaciones con su entorno cercano y su entorno lejano (conjunto de la familia, amigos, compañeros, escuela y ocio).

Juego 2: describir las emociones de forma lúdica

Para ayudar al niño a observar, localizar y expresar sus emociones, el adulto puede proponerle describir lo que siente con uno o varios colores, sonidos, animales, personajes de tebeo o dibujos animados, pictogramas (hay webs para niños donde encontrarlos), dibujos o incluso una sensación ligada al tacto (frío, calor, suave, rugoso...).

▶ La actitud correcta ante la sensibilidad del niño

Frente a las emociones...

«Las emociones (del latín *emovere*, 'moverse fuera de') dan forma y dirección a todo lo que hacemos, y su expresión principal pasa por los músculos del cuerpo y del rostro», recuerda el psiquiatra estadounidense de origen holandés Bessel van der Kolk.[*]

Las emociones infantiles son muy numerosas. Un recién nacido se sobresalta y llora cuando oye un ruido

---

[*] Bessel van der Kolk, *Le corps n'oublie rien*, Albin Michel, 2018, p. 87 (Publicado en castellano por Eleftheria con el título *El cuerpo lleva la cuenta*).

repentino como el de la aspiradora o una tormenta, cuando su madre o su padre desaparecen de su campo de visión o cuando se halla en presencia de alguien que todavía no conoce. Un niño pequeño puede enfadarse mucho si no consigue hacer lo que quiere, ponerse muy nervioso por ciertos juegos con sus compañeros, asustarse o, por el contrario, mostrarse fascinado ante un animal. Un niño mayor puede experimentar la desesperación tras una pena de amor, el dolor por la traición de un amigo, la vergüenza frente a la burla, la incomodidad con su cuerpo o con el de los demás una vez que el pudor se desarrolla, etcétera.

Las emociones no solo varían en función de su naturaleza, sino también de su intensidad. Abarcan desde la sorpresa hasta la estupefacción, desde la pena hasta la tristeza profunda, desde la alegría hasta la euforia, desde un ligero temor hasta la angustia sideral.

Una simple sorpresa sobresalta o asombra. Una sorpresa mayor puede dejar boquiabierto. Una sorpresa violenta, dejar estupefacto. Por tanto, en función de la importancia del acontecimiento vivido, un niño puede sorprenderse, asombrarse o quedarse estupefacto. Su reacción es proporcional a la fuerza del impacto del acontecimiento.

Veamos la clásica situación: el niño que se asustó con la sirena de la ambulancia o al encontrarse con un perro puede, a continuación, tener miedo cada vez que oiga una ambulancia, vea un perro o, incluso, de manera más amplia, cada vez que oiga un ruido fuerte o se halle en presencia de un animal que no conozca. El miedo es aquí la emoción fundamental, pero este fenómeno es idéntico para todas las emociones: una situación que nos ha enfadado puede volver a despertar este mismo enfado o uno similar si se presenta de nuevo, aunque sea bajo otra forma. Y, así, con todas las emociones.

Como quizás te hayas dado cuenta, la emoción es un fenómeno dinámico, en expansión. Mientras no se solucione, es decir, mientras no encuentre una posibilidad de apaciguamiento o de distanciamiento, la emoción, sea cual sea, tiende a crecer, a amplificarse, a intensificarse. Si lo hace de manera silenciosa y subyacente, somos poco conscientes de la emoción, pero el malestar corre el riesgo de volverse más ruidoso e incluso invasor de manera progresiva. La emoción puede terminar siendo muy agobiante, sin que resulte posible abstraerse de ella y pensar en otra cosa.[*]

En efecto, una emoción fuerte nos alcanza profundamente, rompe nuestras defensas habituales y nos vuelve más vulnerables de repente. Por otro lado, nuestra memoria conserva, entre otras cosas, una reserva de emociones antiguas. La emoción actual puede verse intensificada por las emociones de antaño y, por tanto, ampliada en esta caja de resonancia formada por antiguas emociones reactivadas.

---

[*] Lo cual demuestra muy bien, pese a la falsa idea tan extendida de lo contrario, que no podemos «manejar» nuestras emociones.

Y, lo que es más, si este proceso de reactivación y amplificación de nuestras emociones se duplica con otro fenómeno, puede llegar a impedir que percibamos lo que realmente nos trastorna. Una emoción puede esconder otra, o muchas otras, que procedan de nuestro pasado.

Aunque es un chico mayor apacible y muy feliz, Jules tiene miedo de llegar tarde. Se prepara con mucha antelación para el colegio o el judo, y más todavía si tiene cita con el dentista o con el médico. Sus padres intentan comprender lo que le preocupa hasta que, poco a poco, termina declarando de manera un tanto enigmática: «Prefiero estar estresado que angustiado». Hacer todo lo posible para estar listo a tiempo lo protege, en realidad, de una emoción más fuerte y más profunda. Sus padres están perplejos, no saben muy bien cómo ayudarlo. Jules acepta hablar con un profesional. Tras varias sesiones, comprende que lo que desea es que los demás lo tengan en cuenta. Tiene miedo de que lo olviden y lo dejen de lado. Un poco más tarde, se da cuenta de que, desde que era pequeño, siente mucha vergüenza ante los demás: vergüenza de sentirse diferente y miedo a ser rechazado. Descubre, en el fondo de todo, un miedo a ser invisible y a no estar ahí, a no existir realmente para los demás.

Del mismo modo, un conjunto de emociones diversas e inexplicables que se despiertan a la vez puede tener su origen en un acontecimiento traumático ya olvidado.

Sarah tiene trece años. Alumna seria y aplicada, sus amigas del instituto la aprecian mucho. Es particularmente espabilada y valiente. Sin embargo, de vez en cuando, se siente perdida. Esto puede ocurrirle de repente, sin razón alguna. No entiende por qué. «A veces tengo la sensación de no estar en el sitio adecuado, de haberme equivocado de lugar». Sarah se siente entonces muy desorientada. Cuando eso sucede, constata que su confusión puede crecer gravemente en cuestión de segundos. Con el tiempo, se acuerda de un recuerdo doloroso de cuando era pequeña, iba a primero de primaria y su hermano pequeño estaba en infantil. «Me acuerdo de un día que mamá no vino a buscarnos por la tarde, a la salida del colegio. Esperamos mucho tiempo. Yo no sabía qué hacer para tranquilizar a mi hermanito. Estaba ahí sin decir nada y él tampoco. Me sentía perdida. Creí que mamá no vendría nunca a por nosotros, que no la vería nunca más. No conseguía ocuparme de mi hermano pequeño. Todo el mundo se fue. Tuvimos que ir a la comisaría. Mamá vino a buscarnos muy tarde por la noche, sin explicación. Nunca volvió a hablarnos del tema». A Sarah y a su hermano les perturbó tanto aquella larga espera y la ausencia de explicación que se quedaron atónitos. Inmóviles e incapaces de hablar. Cuando se reactiva el recuerdo de este episodio desestabilizador, Sarah se siente confundida y se desorienta.

Como cada niño es único, cada vida también lo es. Quedémonos simplemente con que las emociones se enmarañan a lo largo de la historia de cada persona y forman una madeja difícil de desenredar. Por eso una emoción puede despertar otras más escondidas. Esto permite comprender mejor al niño que no es capaz de expresar exactamente lo que siente. Puede que necesite tiempo para identificar mejor su emoción. Quizás se trate de una emoción más antigua o incluso de un conjunto de emociones vinculadas entre ellas.

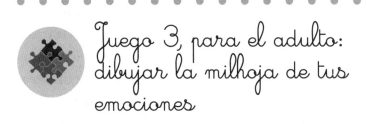

Juego 3, para el adulto: dibujar la milhoja de tus emociones

Dibuja la milhoja de tus emociones del día o de la semana. Puede que el resultado difiera de una semana a otra y, más aún, de un periodo a otro. Trata de localizar la emoción que más se note, aunque sea muy leve, y elige un color para la primera capa, la superior. Luego, trata de discernir las emociones menos superficiales, las que se esconden en ti, hasta llegar a las más profundas y antiguas, asignándoles a cada una un color distinto y dibujándolas en capas de arriba abajo de la página. Una vez que hayas terminado tu milhoja, obsérvala atentamente y estudia lo que has descubierto. Puedes retomar este dibujo cuando pase un tiempo y renovar tu observación; descubrirás aún más detalles. El niño podrá hacer este juego más tarde, a partir de los siete u ocho años.

● ● ● ● ● ● ● ● ● ● ● ● ● ● ● ● ● ●

... la atención, la indulgencia y la palabra verdadera

El adulto favorece la realización del niño ofreciéndole un entorno estable y acogedor. Su presencia atenta y su escucha indulgente son los elementos fundamentales de esta acogida, así como respetar al otro tanto como a uno mismo y al marco en el que cada uno evoluciona (casa, colegio, actividades extraescolares, por ejemplo). Siempre que sea posible, la verdadera dulzura puede calmar al niño. Lo que más importa es que nuestras palabras sean verdaderas, es decir, que se basen en la realidad del momento vivido a partir de percepciones únicamente, no de prejuicios, y, sobre todo, sin la brutalidad de las interpretaciones teóricas ni la violencia de los juicios morales.

Ante cada nueva emoción, podemos hacernos preguntas sencillas y libres y tratar de responderlas con el niño, de manera concreta y sin caer en ideas preconcebidas. Por ejemplo: «¿De qué emoción se trata? ¿Qué expresa? ¿De dónde viene? ¿Cómo recibirla? ¿Cómo hablar de ella? ¿Cómo calmarla?».

Una tarde, después del colegio, Lorette se encierra sola en su cuarto y se queda tumbada un largo rato en silencio sobre la cama. Su madre se extraña, porque normalmente Lorette es alegre y charlatana cuando llega del colegio. Va a verla a su habitación, se sienta en la cama junto a ella, le acaricia el cabello e inicia una conversación.

–¿Ha ocurrido algo? –le pregunta.

–Déjame –responde Lorette.

–Te puedo dejar si quieres, pero me gustaría saber qué te pone tan triste.

Lorette mira hacia otro lado y se pone a llorar a lágrima viva. Su madre se conmueve.

–¡Ay, qué pena más grande, cariño, llora si lo necesitas!

–Es Laetitia, mi mejor amiga... Ya no quiere jugar conmigo. Ahora se junta con otras niñas y se ríen de mí.

–¿Ya no quiere jugar contigo?

Lorette dice que no con la cabeza.

–Es una pena –reconoce la madre–. Te sentirás muy sola entonces... ¿No tienes otras amigas con las que jugar?

–No...

Lorette y su madre siguen hablando del colegio durante un rato. Poco a poco, la niña habla de otras cosas y consigue calmarse. Espera volver a jugar con Laetitia o hacerse nuevas amigas. Su madre ha dedicado tiempo a escucharla abriéndose a sus emociones. La besa y la estrecha en sus brazos.

Por último, no olvidemos que bajo ningún concepto puede culparse al niño por las emociones que siente ni se le puede castigar porque esté emocionado. Un niño, independientemente de su sexo y de su edad, puede verse afectado o perturbado por todo lo que vive, por el simple hecho de estar vivo y ser sensible.

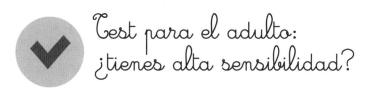

Test para el adulto: ¿tienes alta sensibilidad?

Marca con una cruz la casilla de las frases que se ajusten a tu caso.

Solo puedes hacer una cosa a la vez	
Enseguida te invaden las emociones de los demás	
Las críticas te desaniman	
Piensas todo el tiempo	
Tardas mucho en decidirte	
Te emocionas fácilmente	
Necesitas estar solo regularmente para descansar	
Percibes más las sutilidades que tu entorno	
Te gusta soñar y dejarte llevar por la imaginación	
Te vuelves torpe cuando te observan	
Sueles escuchar a los demás	
Las multitudes te agotan	

Te molestan los olores y las luces fuertes	
Un cuadro, una canción, una novela o una película pueden conmoverte	
Te gustan la naturaleza y los animales	

Cuenta cuántas casillas has marcado. Si son más de siete, puede que tú mismo seas altamente sensible. Si son más de diez, probablemente seas ultrasensible. ¡Esto debería permitirte comprender mejor a los niños hipersensibles!

● ● ● ● ● ● ● ● ● ● ● ● ● ● ● ● ● ●

▶ Actividades beneficiosas para niños sensibles

El adulto que quiera ayudar a un niño muy sensible puede valorar su sensibilidad y alentarla. En efecto, lo que sería un riesgo es considerar la hipersensibilidad como una enfermedad, y por consiguiente, tratar las manifestaciones de una gran sensibilidad como síntomas que hubiera que eliminar. ¡Un ser humano nunca puede ser *demasiado* sensible!

Aconsejo observar la sensibilidad con una mirada positiva y optimista. Los niños sensibles son a menudo muy intuitivos e intrínsecamente creativos. Su empatía les permite comprender mejor las relaciones humanas y concebir favorablemente los vínculos con sus amigos y compañeros, con sus hermanos e incluso con los adultos. A los niños muy sensibles les suelen encantar las actividades artísticas. El arte les ofrece un marco favorable para el mejor conocimiento de sus emociones y su expresión. También les permite diversificar. Una fuerte sensibilidad posibilita unas percepciones a la vez más vivas, finas y matizadas. Enriquece la mirada, el oído, el gusto y todos los demás sentidos sin olvidar la capacidad de expresión.

La lectura constituye también una importante válvula de escape para la sensibilidad. El niño vive intensamente la historia que descubre y con la que a veces se evade, en el sentido de viajar. Si es muy sensible, se identifica apasionadamente con los personajes que se encuentra en sus lecturas, y no es raro que construya su identidad basándose en esos primeros modelos. Por eso es muy importante elegir bien sus libros y, sobre todo, darle acceso a la gran reserva para la imaginación que constituye toda biblioteca. Si no se tienen libros en casa, se pueden sacar de la biblioteca municipal, lo cual no impide que, más adelante, se le pueda regalar el libro que le haya emocionado particularmente.

Por otro lado, es necesario alentar al niño a cuidarse, favoreciendo por ejemplo momentos de relajación, descanso y meditación; actividades manuales, deportivas, artísticas o creativas en el sentido amplio de la palabra, juegos tranquilos, encuentros con sus amigos, vacaciones adecuadas para su edad y sus capacidades reales, visitas culturales o excursiones a la naturaleza, actividades culinarias, de jardinería, etcétera.

Por el contrario, es inútil y nefasto pedirle al niño que refrene su sensibilidad o empujarlo a «mentalizarla» estimulando exageradamente su funcionamiento intelectual. Una sensibilidad ahogada, poco valorada, puede provocar que algunos niños se entreguen a conductas repetitivas (videojuegos, Internet, cannabis más adelante...). Si el grupo social infravalora la sensibilidad, favorece las adicciones. Es mucho más útil enseñarle a reencontrarse con su cuerpo, sus sensaciones y su presencia real en ese cuerpo, invitándolo por ejemplo a observar su respiración y a respirar luego más tranquila y profundamente para no verse invadido por las emociones que experimente y permanecer centrado en sí mismo.

Truco: llevar un diario

Para los niños mayores, llevar un diario es a menudo de gran ayuda. Lo más sensato es consignar la sensación o el pensamiento en el momento de la emoción, sin esperar. Al día siguiente o días más tarde, el niño leerá a su antojo lo que haya escrito y podrá comprenderlo mejor. La lectura de la impresión «en caliente», tal y como surgió en el momento de la emoción y tal y como se puso por escrito es capaz de provocar pensamientos y sentimientos que actúen como posibles pistas para conocerse mejor... El texto escrito permite tomar distancia y esto es muy valioso para las personas hipersensibles, que son muy permeables a la inmediatez de la realidad en estado bruto.

● ● ● ● ● ● ● ● ● ● ● ● ● ● ● ● ● ● ● ●

Lo más importante sigue siendo que, frente a cada nueva situación, sea espinosa o no, el niño pueda hablar sinceramente de lo que vive y de lo que siente con un amigo cercano, un hermano, uno de los padres, un profesor o incluso un terapeuta.

Animo a los padres y educadores a recurrir a una *pedagogía positiva* que ayude al niño a desarrollar la confianza en sí mismo y la autoestima, lo libere del perfeccionismo y le permita cultivar su curiosidad, desarrollar su creatividad, la gratitud, la aptitud para la felicidad, etcétera.

3

Del nacimiento a los 6 años: la alta sensibilidad en el niño pequeño

«En cuanto un niño entiende algo, se produce en él un efecto admirable. Si actúa libre de temor y de exceso de respeto, verá cómo se levanta, dibuja la idea con grandes gestos y, de repente, se echa a reír como en el más hermoso de los juegos».

Alain, *Conversaciones sobre la educación*

Gracias a los psicoanalistas infantiles y a algunos pediatras, hoy somos conscientes de que el bebé es una persona. El niño pequeño sigue siendo un «bebé» o un lactante hasta los tres años. Se trata de un detalle importante, porque hay padres que pueden tener tendencia a pedirle demasiado a su bebé, como si fuera ya un niño autónomo. La particularidad del lactante es que depende enteramente de sus padres. Esto lo hace extremadamente vulnerable y explica que pueda vivir momentos de angustia en los que se siente totalmente desprotegido y sin recursos.

Ya a principios del siglo XX, la médica y pedagoga italiana Maria Montessori afirmaba con fuerza que el lactante es un ser humano de pleno derecho al que debemos acoger con la atención más grande. Puso en evidencia la *ultrasensibilidad de cada bebé* desde el momento mismo de su nacimiento y su llegada al mundo. El bebé es solo receptividad y percibe con gran intensidad el mínimo ruido, el olor más ínfimo, la luz más tenue, las vibraciones más sutiles, etcétera.

«El niño que nace no accede a un ambiente natural: accede a la civilización en la que se desarrolla la vida social. Es un entorno fabricado al margen de la naturaleza, bajo la fiebre de facilitar la vida en sociedad y la adaptación».[*]

Debido a la sensibilidad tan grande del recién nacido, la pedagoga insiste en que desarrollemos una profunda comprensión. Entender la sensibilidad del niño es indispensable para aportarle los cuidados que necesita para ser feliz. Entre otras propuestas, Montessori preconiza proteger al lactante de los ruidos de la ciudad, tocarlo con delicadeza y dulzura, moderar la luz a su alrededor y regular la temperatura ambiente, creando para él un «refugio». Todas estas precauciones son de un valor incalculable para las personas hipersensibles de cualquier edad.

La pedagoga italiana propone que el *entorno del niño se cree en función de sus necesidades particulares y su evolución,* pues esto le permitirá, concretamente, desarrollar una buena confianza en sí mismo y en la vida.

---

[*] Maria Montessori, *L'Enfant*, Desclée de Brouwer (1936), 1995, p. 19. (Publicado en castellano por Editorial Diana con el título *El niño, el secreto de la infancia*).

Actividades Montessori: desde la cuna

Existen juegos específicos para los bebés: pelotas de agarre, aros, móviles, etcétera. «Son móviles y juguetes que carecen de un motor que los haga funcionar –precisa Sylvie d'Esclaibes, especialista del método Montessori–. El niño los pone en movimiento solo y desarrolla así su autonomía», desde las seis o siete semanas de vida. «Vemos la alegría y las sonrisas del bebé cuando consigue golpear por sí mismo su pelota de agarre o el cascabel que hace ruido, sin tener que esperar a que el padre le dé al botón para que el móvil se ponga en movimiento».*

Estos juegos acompañan a los lactantes durante su descubrimiento del mundo y facilitan el desarrollo de su motricidad fina y, por tanto, la conciencia de su cuerpo. *La felicidad de habitar su propio cuerpo es el fundamento de la confianza en uno mismo.*

En efecto, la confianza en nosotros mismos no es una idea. Es una realidad somatopsíquica** muy concreta, una

---

* Sylvie d'Esclaibes, *Donner confiance à son enfant grâce à la méthode Montessori*, Leduc.s, 2017, p. 12 (Publicado en castellano por Edaf con el título *Fomenta la confianza de tus hijos con el método Montessori*).

** Si el aspecto «psicosomático» se conoce ahora mejor, a menudo se olvida que el fundamento de la vida humana es «somatopsíquico», por el simple hecho de que el cuerpo es la base fundamental en el proceso de encarnación.

forma de sentirnos bien con nuestro cuerpo, dentro de un cuerpo vivo. La desarrollamos gracias al vínculo privilegiado que establecemos con ciertas personas muy cercanas (nuestros padres principalmente) cuando somos bebés. Cuanto más sólido es ese *vínculo* y, sobre todo, más fiable es, más constituye el fundamento tranquilizador gracias al cual el niño puede crecer y explorar el mundo.

◗ Primeras emociones

Desarrollo cerebral y primeras emociones

La parte del cerebro operante desde el nacimiento es el cerebro arcaico, también llamado a veces «cerebro reptiliano». Permite la regulación de capacidades fisiológicas como la respiración, la nutrición y la digestión o el sueño y el despertar, así como percibir los cambios de temperatura, la sed, el hambre, la humedad o la sequedad y el dolor. Poco a poco, a partir de sus relaciones con otros humanos de su entorno, el bebé empieza a desarrollar el cerebro límbico o «cerebro mamífero», el centro de las emociones, capaz de distinguir entre lo que es agradable y lo que es desagradable. Se forma en respuesta a las numerosas experiencias relacionales del bebé. El psiquiatra Bessel van der Kolk llama «cerebro emocional» al conjunto de estas dos zonas cerebrales:

«Su función principal consiste en velar por nuestro bienestar»,[*] explica. El cerebro racional, o cognitivo, que solo ocupa un tercio del cráneo, se desarrolla más adelante.

Además, las investigaciones en neurobiología han permitido precisar los distintos papeles que juegan ambos hemisferios del cerebro. El hemisferio derecho procesa las emociones e intuiciones. Es sensorial, espacial, táctil y musical. Nos permite comunicarnos a través del lenguaje corporal, el baile, el canto, la risa y las lágrimas. En el hemisferio izquierdo es donde reposan el análisis, la racionalidad y el lenguaje. Permite clasificar y comparar.

El hemisferio derecho es el primero que se desarrolla, ya durante la vida intrauterina y todavía más después del nacimiento, mientras que el izquierdo no se desarrollará hasta los dos años aproximadamente, y mucho más a partir del comienzo de la escuela primaria, *a través de* los aprendizajes racionales de la escritura y el cálculo, principalmente.

Esta información es primordial, porque indica que el bebé es un ser de sensaciones y de emociones casi únicamente compuesto de sensibilidad. *Es, pues, justo y necesario considerar a todos los lactantes y niños pequeños como personas ultrasensibles.*

Una parte muy importante de nuestras emociones, seamos adultos o niños, nace durante este periodo que

---

[*] Bessel van der Kolk, *Le corps n'oublie rien*, Albin Michel, 2018, p. 66.

llamamos perinatal, es decir, en torno al nacimiento, que va de la vida intrauterina al comienzo de la escuela primaria. Nuestros mayores temores, miedos, terrores y angustias tienen sus raíces en los momentos de angustia vividos cuando éramos muy pequeños. ¡Nuestros gustos, lo que nos atrae, nuestros entusiasmos, nuestros momentos de excitación, nuestras euforias y nuestras alegrías también!

Las emociones fundamentales del bebé no son fáciles de distinguir y de nombrar porque se refieren a sensaciones corporales internas. Por ejemplo, la temperatura del cuerpo, de los órganos o de las extremidades; las tensiones o la relajación, los temblores, la rigidez, el hormigueo o los escalofríos; el bienestar y el malestar; lo vacío y lo lleno, el hambre y la saciedad, la satisfacción y la insatisfacción, lo que nos gusta y lo que no nos gusta, las náuseas, los ahogos, los sofocos; los vómitos y las diarreas; la congestión, el alivio... Estas primeras emociones son a menudo inconscientes o poco conscientes. El bebé las expresará a través del regocijo y el placer o del malestar y el disgusto.

Del exceso a la angustia

Muchas de las angustias del lactante aparecen a partir de estas sensaciones enigmáticas que para él todavía carecen de rostro y de nombre. Puede vivir entonces momentos de confusión, de impotencia, de incomprensión e incluso de ansiedad.

En el recién nacido, toda forma de exceso que perdure demasiado conlleva un malestar más o menos profundo. Se satura muy rápido. Tener demasiado calor, demasiado frío, estar demasiado o poco abrigado, que lo expongan a demasiada luz o a demasiado ruido, que lo zarandeen, la falta de sueño, el hambre, tener que esperar para que lo cambien, verse en medio de mucha excitación, sentir enfado a su alrededor o muchas emociones en su entorno: todos estos factores pueden desestabilizarlo. Cuando el malestar se vuelve insoportable para sus facultades de adaptación, el lactante manifestará vigorosamente su necesidad de ayuda. Si se lo escucha y se lo mima, se calma rápidamente. Si por cualquier razón la calma no vuelve y ningún adulto que él conozca puede cuidarlo en ese momento, se ve desbordado e invadido por una o varias emociones y el sufrimiento y la angustia se instalan en él.

Como la estupefacción es una de las reacciones más corrientes frente a un exceso de emociones, es posible que el pequeño no exprese nada mientras se encuentre desbordado o perdido. Incluso puede llegar a tener la mirada vacía o a parecer inerte, como anestesiado. Esto no quiere decir que se trate de un bebé «muy bueno». El sufrimiento no es necesariamente ruidoso ni se deja ver. Por la noche, las pesadillas lo despertarán y le impedirán dormir, y es entonces cuando la emoción vivida durante el día se reactivará y buscará solucionarse en un sueño que no se resuelve todavía completamente. Muchos «terrores nocturnos» son el resurgimiento de un malestar vivido en los días anteriores. Cuando dicho malestar consiga ser controlado por un sueño sin convertirse en una pesadilla, el niño habrá encontrado cómo contener la emoción que le provocaba, es decir, cómo «metabolizarla», digerirla o regularla.

Marin es un «niñito muy bueno», extraordinariamente sensible. Pronto tendrá cinco años. Reservado y delicado, suele jugar solo en un rincón, al contrario que sus hermanos, que son muy parlanchines y expresivos. Sus padres lo llevan a consulta porque tiene «terrores nocturnos». Cuando esto le sucede, resulta verdaderamente difícil ayudarlo a calmarse; no consigue volver a dormirse. Durante las primeras sesiones, Marin apenas habla, pero va abriéndose poco a poco. Dibuja las pesadillas que lo despiertan. Sus padres, por su parte, comienzan a prestar atención al ambiente que hay en casa cada día; tratan de ofrecerle más tranquilidad y distinguen los momentos en los que Marin parece angustiado, para proponerle que dibuje lo que siente o que lo represente con pequeños personajes. Marin está mejor, se encierra menos en sí mismo y se expresa con más facilidad. Cierto tiempo después, la pareja atraviesa una crisis y se da cuenta de que, en el momento del nacimiento de Marin y durante sus primeros meses, también discutían mucho, a veces de manera muy violenta, olvidándose del bebé. El ambiente era muy tenso, unas emociones muy fuertes pesaban sobre el pequeño, que a menudo se veía abandonado a su suerte, llorando y gritando en su rincón. Cuando los padres se dan cuenta y hablan de ello con Marin, la situación evoluciona favorablemente. Los padres de Marin han comprendido que necesita tranquilidad y, sobre todo, afecto y presencia. Desde entonces, duerme mucho mejor.

En este ejemplo, las emociones vividas por el bebé siguieron desestabilizándolo ahora que ya es un niño pequeño por no haber sido reconocidas antes. Por supuesto, lo mejor es estar atento a la calidad de vida del bebé, cuidando sobre todo la calidad del ambiente en el que vive, de los cuidados que se le ofrecen y de las relaciones que se establecen con él.

· · · · · · · · · · · · · · · · · · ·

 # Juego 4, para el adulto: explora tus emociones

Esta actividad lúdica permite explorar nuestras emociones una por una (enfado, miedo, nerviosismo, vergüenza, tristeza, alegría...). Tomemos como ejemplo la ira. En una tabla de tres columnas, escribe primero una lista de las cosas que te enfadan desde que eras pequeño. A continuación, analízalas una por una e intenta localizar dónde te afectan, en qué parte de tu cuerpo. Por último, trata de recuperar un recuerdo, un sueño, una pesadilla o un acontecimiento relacionado con cada uno o que pueda ilustrarlo.

Este sería, por ejemplo, el extracto de una tabla completada por una paciente.

Tipo de enfado	¿Dónde?	Recuerdo, sueño, acontecimiento, etcétera.
La misoginia me pone furiosa	Vientre	Mi suegro decía que las chicas eran unas cobardes. Aquello me sacaba de quicio
Me sienta fatal cuando no comprendo lo que me están pidiendo	Cabeza	Un profesor de matemáticas me humilló una vez en la pizarra, delante de toda la clase, porque no conseguía resolver un problema
Me enfado fácilmente si me molestan mientras trabajo	Parte superior de la espalda y hombros	Mi madre era muy charlatana. Me hablaba sin cesar mientras trataba de hacer mis deberes del colegio o del instituto. Aquello me irritaba mucho

Cuando hayas terminado de rellenarla, puedes dejarla reposar durante una semana o más y retomarla luego para tratar de situar tus enfados de una manera más global en tu historia, relacionándolos con el temperamento de tus padres, las experiencias vividas, las circunstancias en las que aparecieron aquellos enfados, etcétera.

Puedes confeccionar este tipo de tabla para cada familia de emociones o sentimientos. Aprenderás mucho sobre ti mismo y comprenderás mejor a tu hijo, al aceptar mejor sus emociones.

● ● ● ● ● ● ● ● ● ● ● ● ● ● ● ● ● ● ●

El cuerpo y la receptividad del lactante a las emociones

Por regla general, nuestro cuerpo no nos preocupa mientras funcione correctamente. Incluso llegamos a olvidarnos de él. Al contrario, las molestias físicas y las enfermedades hacen que tomemos conciencia de las funciones y disfunciones corporales. Lo mismo le ocurre al niño recién nacido. Puede verse sorprendido, incluso desconcertado, por las extrañezas, las molestias y los dolores que siente pero no comprende.

He aquí un ejemplo que ilustra cómo antiguos interrogantes pueden resurgir *a posteriori* y la incidencia de las angustias parentales en el estado de salud del lactante.

Théo es un niño serio y servicial, tranquilo y de buena voluntad. Sociable, le gusta sentirse útil. Aunque sea muy sensible, físicamente es robusto y de constitución sólida. Le gusta jugar a la pelota, salir a la montaña y el deporte. Una mañana, en clase, aquejado de un fuerte dolor de barriga, de repente le viene a la cabeza la idea de la posibilidad de morir. Ya no consigue seguir la clase, cada vez se siente peor y se desmaya. La enfermedad resulta no ser grave ni tener una causa física. La explicación reside en que, siendo aún bebé, Théo estuvo muy enfermo durante algunos días. Sufrió varios episodios importantes de diarrea acompañada de una grave deshidratación. Le dolía enormemente la tripa, no podía comer y se debilitó tanto que sus padres llegaron a temer por su vida... Aquella mañana en el colegio, la idea de que el dolor de barriga pudiera deberse a una grave enfermedad despertó en él el recuerdo de la antigua amenaza, como si, de nuevo, la posibilidad de morir se volviera efectiva. Hoy todavía, cuando a Théo le duele mucho la barriga, la sola idea de estar enfermo puede hacerlo desfallecer.

Todavía más frecuente es que, debido a su ultra-sensibilidad, el bebé sea especialmente receptivo a las emociones que viven sus padres u otros miembros de su entorno.

Una pareja joven consulta a un psiquiatra infantil porque su bebé duerme muy poco por la noche, llora mucho y parece estar sufriendo. El especialista confirma que el lactante sufre unos cólicos dolorosos que no le dejan dormir. Charla por separado con cada progenitor. La madre le confía numerosas angustias vividas durante el embarazo, en el momento del nacimiento y desde entonces. El padre le explica que, cada noche, mece en brazos al bebé durante mucho tiempo cada vez que hay una crisis y que le canturrea o le murmura al oído hasta que se calma. Tras la consulta, el profesional les explica a los padres que el bebé está trastornado por las fuertes angustias de su madre. Con mucho tacto, aconseja a la joven que se someta a psicoterapia.

Suele decirse que el bebé absorbe el humor del adulto que le da de comer al mismo tiempo que la leche. Acurrucado contra su cuerpo, con la mirada clavada en sus ojos, el bebé percibe y recibe, efectivamente, todas las señales verbales y no verbales de la disposición del adulto: alegría o tristeza, una atención alegre hacia él o las preocupaciones amargas que pueda tener, su admiración o las inquietudes que lo preocupen, las penas, los enfados, etcétera. Lo que vive el adulto, lo que siente, puede afectar al recién nacido cada día. A través de este vínculo tan cercano, el niño es capaz de experimentar en él las angustias del adulto.

Durante su psicoanálisis, Olivier, un paciente de unos veinte años, se enfrenta de nuevo a los episodios que lo marcaron durante su primera infancia. Entre ellos, hay un recuerdo particularmente duro que siempre vuelve y que había olvidado por completo y su madre le confirma. Esta, madre soltera, había estado gravemente enferma el invierno siguiente al nacimiento de su hijo; le habían diagnosticado una neumonía grave. Una noche, ahogándose y sin poder respirar, la joven había tenido que abrir la ventana de la habitación que daba a la calle para pedir ayuda y el bebé había sido testigo de aquel momento dramático. Lo invadieron todas sus sensaciones y se le quedaron grabadas. Hoy constituyen para él un «foco explosivo», un verdadero volcán listo para entrar en erupción. El recuerdo de aquellas sensaciones es capaz de volverlo especialmente vulnerable, ya que lo invade de repente la angustia y el pánico que percibió en su madre en el momento del drama.

No se trata de que les ocultemos las emociones a nuestros hijos, algo que es, además, totalmente imposible. Se trata, simplemente, de ser conscientes de que nuestras emociones también tienen un impacto sobre nuestros seres queridos y, en particular, sobre nuestros hijos, incluso los más pequeños. Por experiencia, la mejor actitud que se puede adoptar es expresar nuestras emociones a nuestros seres queridos de manera muy sencilla, sin insistir, pero sin banalizarlas o camuflarlas tampoco. El niño que ve que sus padres nombran sus emociones con sinceridad puede darse cuenta de las suyas más fácilmente y expresarlas a su vez.

● ● ● ● ● ● ● ● ● ● ● ● ● ● ● ● ● ● ●

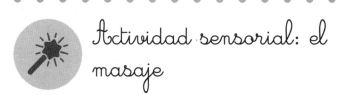

Actividad sensorial: el masaje

El masaje del bebé es un momento de dulzura muy agradable para compartir entre el niño y sus padres, con todas las ventajas del bienestar que produce mientras se recibe y después y del placer compartido de ese momento de proximidad. Podemos practicarlo de forma intuitiva, siempre desde la dulzura y el mayor respeto, y sin tocar, por supuesto, las zonas anal y genital. El masaje favorece un acercamiento sutil y una comunicación no verbal delicada y permite expresar mucha ternura por el niño.

● ● ● ● ● ● ● ● ● ● ● ● ● ● ● ● ● ●

Primeros desplazamientos, continencia y enriquecimiento de la sensibilidad

A partir del momento en el que el bebé comienza a desplazarse por sí mismo, primero a cuatro patas y luego caminando, y a volverse, por tanto, más independiente, las emociones que expresa se vuelven también más variadas y ricas en matices. Su sensibilidad se desarrolla paralelamente en calidad y se afina. Se precisa y se enriquece. Al igual que las sensaciones ligadas al funcionamiento del cuerpo, se trata de unas emociones «arcaicas». En el lenguaje técnico, *arcaico* designa las vivencias del lactante, del recién nacido que todavía no puede expresarse claramente con la palabra para que lo entiendan. Más concretamente, significa que sus emociones son profundas, irracionales, viscerales, a veces desmesuradas y por tanto imposibles de contener o desproporcionadas respecto al acontecimiento real, difíciles de expresar, etcétera.

Juegos para los más pequeños: ¡esconder un objeto!

Los juegos más sencillos, como esconder un pequeño juguete, una muñeca o un muñeco, un peluche o incluso una parte de la cara o del resto del cuerpo, hacen reír mucho a los pequeños porque representan de manera lúdica el enigma de la desaparición y la reaparición de las personas y los animales, así como el ciclo de los días y las noches, de los juegos y el descanso, de los momentos de actividad y los momentos de calma. Cuando empiezan a ser más mayores, los niños aprecian especialmente el escondite, un juego que les sienta muy bien y que los padres pueden alentar.

El aprendizaje de la continencia se hace durante este periodo. El bebé considera que lo que emana de él y sale de su cuerpo, lo que produce, forma parte de él. Por eso, a veces, la pérdida de los excrementos puede ser difícil de aceptar al principio, en la medida en que el niño se siente desvalido o privado de algo que viene de él, de su cuerpo, y que desaparece en el baño. Es importante que los padres le expliquen que los excrementos no forman parte de su cuerpo, que solo son los

DE 0 A 6 AÑOS

DE 6 A 10 AÑOS

DE 10 A 15 AÑOS

restos de lo que comió y no pudo digerir, aquello que no necesita para alimentarse. Descubriéndole lo maravilloso del funcionamiento del cuerpo y de la digestión, el niño puede volverse admirativo y entusiasta con este fenómeno y dejar de preocuparse por el destino de sus excrementos.

En algunos casos menos frecuentes, el niño pequeño puede sentirse muy turbado si vive la evacuación del orinal como una pérdida, o incluso como una mutilación física. Puede llegar a generarle un rechazo a ir al baño y estreñimiento prolongado.

Igualmente, si los padres insisten en el concepto de la suciedad, sobre todo si establecen una correlación entre sucio y malo, pueden crearle al niño la preocupación de contener en él materias sucias que correspondan a una realidad censurada por sus padres. Puede creerse «malo» por tener «eso» (lo sucio) dentro. Todavía con más razón si los padres o los educadores utilizan la palabra *caca* para designar otras realidades como la tierra, el barro, el polvo, el hollín, la basura, etcétera. El niño puede pensar que lo que es natural (la tierra, el barro) es sucio, y por lo tanto malo, y perder su espontaneidad. Incluso tal vez llegue a preguntarse si él mismo puede acabar tirado o rechazado si se ensucia.

El pequeño Antoine tiene muchas pesadillas. Sueña constantemente que su hermano mayor y su padre lo tiran al inodoro y tiran de la cadena para que desaparezca definitivamente y

librarse de él. Su aprensión es todavía más intensa porque
siente que su padre y su hermano no lo quieren ni se interesan por él. Al final de la entrevista, la madre confirma que el
padre está mucho más volcado con el hijo mayor, que son
muy cercanos, y que al pequeño lo ha dejado de lado.

De forma más clásica, los niños pequeños son extremadamente sensibles a los ruidos de motores, máquinas, sirenas, etcétera. Progresivamente, aprenden a
familiarizarse con los numerosos ruidos de la vida cotidiana propios de las grandes ciudades y del campo, donde también se utilizan grandes máquinas para las labores
agrícolas, o de los complejos industriales de la periferia
de las poblaciones. Por ello algunos niños descubren la
utilidad de taparse los oídos para protegerse u optan por
un camino que les evite la exposición al ruido aunque
sea más largo.

▶ La relación con los adultos

Los adultos son gigantes

Para el niño pequeño, los adolescentes y los adultos son
verdaderamente muy «grandes», gigantes incluso, impresionantes con esos cuerpos desmesurados y reple-
tos de fuerza. Algunos no son «amables», otros hablan
muy alto y se ríen estrepitosamente, huelen mal, tienen
la nariz y las orejas demasiado grandes, pelos raros o

verrugas grotescas. Cuanto más viejos son o enfermos están, cuanto menos le recuerdan a sus padres, más parecido les encuentra con monstruos o brujas. Por eso es comprensible que el niño pequeño se sienta realmente incómodo en su presencia.

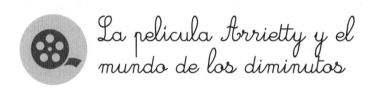

La película Arrietty y el mundo de los diminutos

Esta película ilustra bien la forma en la que los niños pequeños perciben a los adultos como unos gigantes impresionantes. En Japón, los diminutos son unos seres fantásticos muy pequeños que viven bajo el parqué sin que los humanos puedan verlos. Sobreviven gracias al pillaje, aunque solo roban lo que les resulta absolutamente necesario para subsistir. Arrietty, una joven diminuta de catorce años, se aloja con su familia en una casa de campo. La llegada de Shô, un joven humano, transforma su existencia. Se siente atraída por aquel chico soñador y quiere conocerlo. Poco a poco, a medida que lo conoce, Arrietty se acostumbra al mundo de los «gigantes» y supera los prejuicios de sus padres.

Como en este cuento de hadas, la fuerza de los sentimientos permite que nos amoldemos unos a otros a pesar de las diferencias. El niño pequeño necesita sinceridad y afecto, atención y respeto para confiar en los adultos.

El bebé vive en sintonía con sus padres (o su niñera) y se ajusta a sus emociones. Cuando los padres se sienten incómodos con alguien de la familia, en una tienda, en el transporte público o en la calle, sobre todo si sienten aversión, el bebé expresará más abierta e intensamente que ellos esa repulsión poniéndose a gritar o a llorar.

El descubrimiento, en 1994, de las «neuronas espejo»[*] por un equipo de investigadores italianos de la Universidad de Parma puede ayudarnos a comprender mejor este fenómeno. Permite igualmente que tomemos conciencia de lo importante que es la capacidad de experimentar las emociones y sentimientos del prójimo, es decir, la importancia de la empatía, pero también de las posibilidades de imitación y de sincronía (ponerse en concordancia con alguien). Estas capacidades son fundamentales para el conjunto de nuestras relaciones y ya están presentes en el recién nacido.

Las neuronas espejo son una categoría de neuronas cerebrales que se activan cuando un individuo efectúa una acción pero también cuando observa a otro individuo realizando la misma acción o se la imagina. Permiten aprender por imitación e intervienen en la relación

---

[*] G. Rizzolatti y L. Craighero, «The Mirror-Neuron System», *Annual Review of Neuroscience*, 27, 2004, pp. 169-192.

con el otro, sobre todo en los procesos afectivos, como la empatía, tanto que algunos las llaman «neuronas empáticas».

La actividad mantenida de las neuronas espejo y de la ínsula en la alta sensibilidad revela que *es su gran empatía lo que hace que los niños sean hipersensibles*, y no al revés, como se creyó durante mucho tiempo. La sensibilidad del niño está más desarrollada y, por tanto, «elevada», cuanto más fuerte es su empatía. Dicho de otra manera, un niño es ultrasensible porque le afecta de forma particularmente intensa lo que le ocurre a otra persona (gracias a sus neuronas espejo) y porque tiene una conciencia precisa de lo que esa persona está viviendo a través de lo que él mismo siente (gracias a su ínsula).

Este descubrimiento es fundamental. Ilumina con luz nueva el concepto de alta sensibilidad. Permite comprender mejor a los niños hipersensibles, sus percepciones extremadamente afinadas, su humanidad, su tacto, su capacidad para comprender a los demás así como su gusto por la espiritualidad, su generosidad, su sutilidad, etcétera.

La timidez es una forma de prudencia

Un bebé se siente perturbado en presencia de personas ajenas a la familia o desconocidas. Cada niño necesita su tiempo para acostumbrarse a alguien que no conoce, un olor, una voz y una presencia particulares. El niño es reservado y vigilante ante lo que no es habitual para él, cada vez que descubre o explora una situación nueva.

Todavía más porque *un ser humano, sobre todo cuando es muy pequeño, no puede progresar en todos los frentes a la vez.* Se vuelve más frágil con cada nueva «adquisición», es decir, cada vez que desarrolla nuevas capacidades sensoriales, motoras, afectivas, intelectuales o verbales para ajustarse a la realidad compleja que descubre progresivamente. Ese es el motivo, por ejemplo, de que esconda la cara o se eche a llorar incluso ante personas que no le son completamente extrañas, como amigos de sus padres que no ve muy a menudo.

Nada de esto tiene importancia, les ocurre a todos los niños pequeños. Deja que el niño viva su timidez y la exprese. Acepta su necesidad de estar solo, en su habitación, o detrás de ti, pegado a ti, agarrado a tu pierna o queriendo que lo tomes en brazos. Es inútil que le reproches su timidez, porque esto añadiría vergüenza a su retraimiento natural. Cuando todo el mundo se haya ido y estéis tranquilos los dos, puedes hablarle, si lo deseas, contarle una historia que retome la misma situación con personajes imaginarios o decirle que, cuando crezca, se le hará más fácil tratar con desconocidos.

▶ El niño pequeño y el imaginario

Un personaje imaginario perdido en el mundo real

Algunos niños pequeños se sienten asombrados e incómodos en presencia de un payaso o saludando a Papá Noel en la calle, o a Obélix o Mickey en un parque de atracciones, aunque aprecien a estos personajes en los libros de cuentos o en los dibujos animados de la tele. Y es que, en las historias, los personajes son imaginarios en el sentido estricto, son solo imágenes, están fuera de su mundo y son pequeños de tamaño, ¡mucho más pequeños que ellos!

¿Por qué se les ocurrirá a los adultos disfrazarse de los personajes de los cuentos o los dibujos animados? ¿Por qué mezclar el registro imaginario y tranquilizador de la historia, en la que todo está en su sitio y al margen de lo real, con la realidad exterior? Con Papá Noel, lo absurdo del mundo comercial alcanza su punto más álgido, porque en la mitología infantil, forjada a partir de las historias que les contamos a los niños pequeños, Papá Noel llega del cielo montado en un trineo, entra de noche por la chimenea, trae los regalos y enseguida se va para seguir con su ronda encantada. Por tanto, ¡es imposible verlo!

Es más, algunos niños muy perspicaces no comprenden qué está haciendo en su vida cotidiana contemporánea un personaje tan curiosamente vestido, que manifiestamente pertenece a un universo de leyenda. De hecho, los niños más pequeños, y en general todos los niños, son muy lógicos y tienen mucho sentido común, necesitan que cada cosa esté en el sitio justo, en el espacio y en el tiempo: las imágenes, en los libros; los personajes, en las películas, y los humanos reales, en la realidad tangible.

La sensibilidad de un niño, independientemente de su edad, hay que tomársela en serio. No se trata de decirle: «Vamos, ya ves que solo es un payaso» o «No seas ridículo, estás montando un número por un simple Papá Noel». De hecho, esos personajes son forzosamente impresionantes para un niño, con sus muecas exageradas y sus trajes de colores vivos, todavía más porque ignoran la identidad de la persona que se esconde bajo el disfraz.

Durante una reunión familiar de Navidad, un joven se disfraza de payaso para hacer reír a los niños. El más pequeño de ellos, Benjamín, tiene solo unos dos años. Absorto en un juego tranquilo con su hermana mayor, se queda impresionado cuando ve llegar al gran payaso de nariz roja, cabello encrespado rojo y hablando con voz rara. No hay nada que funcione: las bromas del payaso no sirven para tranquilizarlo, al contrario. Cuando el payaso se quita el disfraz, el niño, muy asombrado, reconoce al más joven de sus tíos. Solo a partir de ese momento consigue recuperar poco a poco su tranquilidad inicial y retomar el juego.

Un niño puede reírse de un payaso en el escenario o en el circo, lejos de él, sentado cómodamente en las rodillas de su padre o de su madre. El hecho de que la situación haya sido prevista y de que el lugar esté así configurado crea una distancia suficiente para no sentirse invadido por lo insólito. Por el contrario, en casa o en la calle, es decir, en la realidad cotidiana habitual, y más todavía cerca de él, el niño pequeño ya no distingue entre lo que es un artificio y lo que es real.

Por supuesto, en este tipo de situación delicada los adultos no deben burlarse del niño, que está verdaderamente desconcertado. No hay que obligarlo en absoluto a dejarse abrazar por el payaso o por Papá Noel. Lo más prudente es hablarle con calma, explicarle que comprendemos su asombro pero sin insistir y luego pasar a otra actividad más sencilla y tranquilizadora.

La gran sensibilidad del niño pequeño a las historias

De la misma manera, un niño puede tener miedo de una historia aunque esta le parezca encantadora, divertida o incluso banal al adulto que la cuenta, o aunque sus amigos se rían con ella o a sus hermanos mayores les haya gustado.

Cuando la fantasía de una historia se encuentra con nuestro imaginario, entra en resonancia con nuestras profundidades emocionales. Lo más corriente es que esta fantasía nos embelese, nos encante, nos haga soñar y nos permita evadirnos, pero también puede, a veces, despertar o activar una emoción más profunda y normalmente escondida. Lo mismo ocurre con los niños, incluso con los muy pequeños.

> Nathan es un niño alegre y risueño que pronto cumplirá tres años. Desde hace algún tiempo, está inquieto y preocupado. Sus padres le han leído un cuento de un libro que una amiga les ha prestado porque le había gustado mucho a su hija, algo mayor que él. Se trata de un cuento escrito para hacer reír a los niños. Pero a Nathan no le ha hecho ninguna gracia, al contrario, se ha impresionado mucho. La historia termina con una niña pequeña que «pierde la cabeza» en el sentido literal: la cabeza se le despega del resto del cuerpo y cae al suelo. Nathan no consigue dormir. Cuando llega la hora de irse a la cama, está nervioso. Al cabo de las sesiones, descubrimos que su madre, cuando está cansada y desbordada por la cantidad de trabajo que hay en casa además de su actividad profesional, dice a veces que «va a perder la cabeza». Por otro lado, una amiga del padre que vive en la misma ciudad que ellos ha perdido a un ser querido recientemente. Era guía de montaña y lo han decapitado unos terroristas islámicos en Argelia. Nathan ha oído a los adultos, muy afectados, hablando de ello con emoción, tristeza e indignación.

Aquí ha sido una desgraciada coincidencia lo que ha producido una colisión entre una metáfora, «perder

DE 0 A 6 AÑOS

DE 6 A 10 AÑOS

DE 10 A 15 AÑOS

la cabeza»; un relato humorístico para niños más mayores y capaces, por tanto, de distinguir mejor entre imaginación y realidad, y un hecho terrible, especialmente trágico, que ha conmocionado el entorno del niño.

Es cierto que es mejor no enseñarle al niño pequeño cuentos o películas no recomendadas para su edad, pero hay ocasiones en que lo son y los padres no pueden anticipar con facilidad si le gustarán o no al niño. Por eso es necesario, como en cualquier situación relacional, ajustarse a cada niño de manera individual.

Sea como sea, cuando a un niño lo impresiona mucho un cuento, una película o un acontecimiento, podemos interpretar la escena en cuestión imitando a los personajes, disfrazándonos, divirtiéndonos juntos para quitarle drama a la situación, reírnos de ella y relajarnos. El juego, el placer y el humor son terapéuticos a todas las edades y desde la más tierna infancia.

Existen películas divertidas y poéticas, tiernas y fantásticas, totalmente adaptadas a los más pequeños, que les permiten familiarizarse con las situaciones habituales o inhabituales que viven a diario o que los ayudan a desarrollar su imaginación y sus sueños.

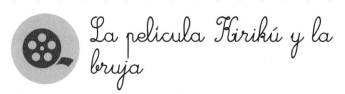

La película Kirikú y la bruja

Esta hermosa película cuenta las aventuras y proezas de un niño muy pequeño llamado Kirikú. Su valor, su inteligencia y su perseverancia le permiten liberar su aldea de la maldición lanzada por la bruja Karabá. Esta última ha hechizado a todos los hombres del poblado que han intentado combatirla transformándolos en mascotas a su servicio. También ha secado la fuente de agua que alimentaba a los habitantes de la aldea. Después de numerosas peripecias, Kirikú consigue que el agua vuelva a manar de la fuente, liberar a los hombres cautivos y curar a Karabá del dolor que la volvía tan malvada. Cuando esta lo besa, se convierte en un hombre y pueden amarse y casarse.

Al igual que la madre de Kirikú, que cree en él desde su nacimiento, a cada niño lo mueve la confianza que sus padres tienen en él, especialmente cuando lo dejan que descubra, poco a poco, sus verdaderos recursos y encuentre sus propias soluciones.

Lo que un niño pequeño necesita no es un discurso o una moralina, tampoco que un adulto le corte el llanto metiéndole una piruleta en la boca, sino la presencia

Del nacimiento a los 6 años

DE 0 A 6 AÑOS

DE 6 A 10 AÑOS

DE 10 A 15 AÑOS

dulce e indulgente de un adulto comprensivo de verdad. En muchos casos, solo con tomarlo en brazos, el niño se calma al instante; este gesto consigue que desaparezca su malestar cuando las explicaciones no surten efecto. Puede que la psicología de divulgación haya animado a los padres a hablarles mucho a los niños, pero «hablar claro» consiste simplemente en decir las cosas como son, en el momento, aquí y ahora. Sin ninguna consideración intelectual ni complicación mental.

Por ejemplo, se le puede decir a un niño que se ha enfadado mucho: «¡Vaya enfado tan grande tenías! ¡Cómo te entiendo, estabas enfadado de verdad!». En otras circunstancias, sobre todo con niños más mayores, podemos considerar igualmente contarle un recuerdo nuestro de la infancia. Por ejemplo: «Cuando yo tenía tu edad, me daba miedo la oscuridad antes de dormir; y, de repente, un día se me quitó del todo» o «Me acuerdo de una tarde cerca de un centro comercial, estaba de paseo con mis padres y vi a un señor disfrazado de Papá Noel que me dio miedo y fui a esconderme detrás de mi padre». Sonreímos y lo contamos con sencillez, como un testimonio de un momento de la vida.

Las palabras que conmueven al niño son las que vienen del corazón. Cuanto más pequeño es, mayor es su necesidad de palabras sencillas y gestos sinceros, cargados de atención.

Actividad Montessori: lavar y pelar verduras o frutas

Existen numerosas actividades muy favorables para que los más pequeños se sientan realizados. Por ejemplo, lavar o pelar verduras o frutas sobre una pequeña bandeja prevista para ello y preparada de antemano. Cada bandeja contendrá el material necesario para la actividad en cuestión.* Para lavar las verduras: un cepillito para verduras, un bol, un paño de cocina, verduras pequeñas y un delantal para niño. El niño debe poder acceder fácilmente al fregadero con ayuda de un taburete que sea muy estable o disponer de un pequeño barreño con agua en la mesa junto a él. Cuando se trate de cortar, el adulto que lo supervise debe avisar al niño de que tenga cuidado con la utilización del cuchillo y mostrarle primero cómo proceder.

Todas las actividades manuales, artísticas o prácticas, como la jardinería, la cocina o la pastelería, son recomendables. A los pequeños hipersensibles les gustan muchísimo, les encantan y los ayudan a concentrarse, a

---

* Sylvie d'Esclaibes, ver la página 85.

sentirse vivos y en movimiento, a calmarse en el caso de los más ansiosos o a detenerse y canalizar en el caso de los más activos o nerviosos.

▶ La entrada a la escuela infantil

Ahora analizaremos la gran sensibilidad de los niños de tres a seis años. Es mucho lo que ha aprendido ya el lactante desde su vida intrauterina y su nacimiento. Ha pasado por numerosas «pruebas» en el sentido noble y positivo del término, unas pruebas iniciáticas que son etapas de su crecimiento humano hacia una mayor conciencia e independencia a la vez. Por ejemplo, el nacimiento, el destete, la adaptación a la guardería o a la persona que lo cuida, distintos aprendizajes como el de comer con cuchara y luego tenedor, hablar y caminar, contar, etcétera.

No olvidemos que la memoria de las experiencias vividas por el bebé está presente en el alma infantil e incluso en el adolescente, y posteriormente en el adulto en el que este se convierte. En efecto, las emociones que experimenta el lactante no desaparecen con la edad. Algunas permanecen escondidas o agazapadas en él, dispuestas a despertarse o a reactivarse en determinadas circunstancias (y con el resto de las emociones): enfermedad, gran cansancio, estrés intenso o duelo en la familia, situaciones difíciles o cualquier acontecimiento alegre y agradable, incluso el más anodino.

Uno de los acontecimientos que más marcan al niño en torno a los tres años de edad es la entrada al colegio. El niño pasa de un mundo protegido y relativamente libre, del nido en el que se lo mimaba y que estaba compuesto de cuidados, numerosos juegos, atención y descanso, a un universo muy distinto, con muchos niños, algunos mayores que él, regido por reglas estrictas y las primeras imposiciones del aprendizaje escolar. Los niños que han ido a la guardería ya conocen la vida en colectividad pero todavía no han adquirido el hábito de tener que realizar una actividad al mismo ritmo que toda la clase, en silencio y sin moverse. Por supuesto, en educación infantil todavía se incluyen muchos juegos y tiempo de descanso, sobre todo para los pequeños del primer año. Sin embargo, el niño entra en un mundo muy distinto al que conocía, en un contexto muy impresionante que engendra en él numerosos miedos. Con frecuencia, este universo le parece absurdo, porque no comprende por qué ha de desenvolverse solo, someterse al ritmo de los demás, obedecer unas directrices que no tienen forzosamente un sentido para él, etcétera.

Para el niño pequeño es realmente importante y necesario poder llevar su peluche con él al colegio: los padres y los educadores no deben olvidarlo. El niño encuentra, así, una manera de sentirse seguro, al igual que cuando se chupa el pulgar, una forma de contacto con su propio cuerpo que es fundamental para él y para todo ser humano. En efecto, todos tenemos gestos que nos tranquilizan porque nos ayudan a retomar el contacto con nosotros mismos: pasarnos la mano por el pelo, la cabeza, tocarnos la boca, las manos, las rodillas, etcétera.

La entrada al colegio es tan fundamental en la vida de un ser humano que es bueno hacer de ello un momento especial. En algunas tradiciones antiguas, en concreto la judaica, el padre lleva al niño en brazos hasta la puerta de la clase mientras este no manifieste o exprese el deseo de empezar a caminar de su mano y, progresivamente, ir soltándose cada vez antes para unirse a los juegos que le gustan o a los compañeros con los que haya simpatizado y se sienta en confianza.

Aude, que hoy ya es una joven adulta, se acuerda de cómo, durante su primer año de infantil, su padre la llevaba cada mañana en brazos. Mientras caminaba, le iba cantando una canción alegre sobre conejos y ardillas que escenificaba jugando o bailando con ella hasta el colegio. Así la hacía sentirse en confianza. De hecho, ha vivido muy bien el conjunto de su escolarización y realizado estudios superiores con éxito.

Sin embargo, hay otros niños que viven peor su llegada al colegio. Algunos puede que incluso lleguen a guardar un mal recuerdo que desarrolle bloqueos que se prolonguen durante mucho tiempo.

Kevin es un joven particularmente sensible. Acude a la consulta porque se siente paralizado por dentro. Esta inmovilidad le impide tanto estudiar como sentirse a gusto con los otros estudiantes. Explica que tiene mucho miedo de ruborizarse delante de los demás. Un día, después de una pesadilla, cuenta un recuerdo difícil de cuando era pequeño. Kevin tuvo una muy mala experiencia a su llegada a la escuela infantil. Lo impresionaban todos aquellos niños a su alrededor y «los adultos que le daban órdenes». Tenía la sensación de que todo iba demasiado rápido a su alrededor. Recuerda que lo más difícil era tener que hacer sus necesidades delante de los otros niños, porque en los baños no había puertas y siempre había niños esperando delante a que les tocara el turno. A veces no conseguía orinar y tenía que esperar al recreo siguiente. Una mañana no pudo aguantarse y se hizo pipí encima. La profesora lo riñó y lo avergonzó delante de toda la clase. Cada vez que cuenta este recuerdo doloroso, Kevin se pone rojo y suda abundantemente, como cuando era pequeño, en el momento fatídico… Liberado hoy por fin de este antiguo malestar, es un joven contento con la vida y entusiasta, muy amigo de sus amigos.

Hay una gran variedad de situaciones intermedias entre estas dos experiencias situadas en polos opuestos y que marcaron muy positiva y muy negativamente a estos dos niños. Quedémonos simplemente con que la entrada al colegio es un momento clave de la existencia en nuestras sociedades y es verdaderamente aconsejable hacer todo lo posible para que se desarrolle de la mejor manera.

Aprovechemos para hablar del pudor de los más pequeños. Durante sus primeros años, al bebé no le incomoda su desnudez salvo si se lo exhibe o se lo sexualiza exageradamente. Al crecer, el niño empieza a sentirse incómodo ante la desnudez de los demás y se siente igualmente molesto si tiene que mostrarse desnudo. Está desarrollando su propio pudor, que va a permitirle proteger su intimidad física y psíquica. Esta etapa es fundamental para la realización equilibrada de cada niño. Por eso *es primordial que los adultos y los niños más mayores respeten, sin restricción y sin burla, el pudor de cada uno, incluidos los más pequeños.*

▶ ¡A la cama!

El lactante toma conciencia de la alternancia entre el día y la noche de manera progresiva. Esta alternancia existe independientemente de sus momentos de sueño, algo que le permite descubrir la noche, la luna y el cielo estrellado y hacerles hermosas preguntas a sus padres o abuelos. En estas preguntas ya se percibe toda la sensibilidad de la infancia, de la poesía y de la ensoñación, por ejemplo. El pequeño se abre al mundo de la imaginación. Son preguntas que marcan también el comienzo de la reflexión sobre las cuestiones de la vida y la existencia humana, con sus enigmas y sus misterios.

La noche puede simbolizar la vuelta a uno mismo o el calor de la intimidad. La oscuridad expresa lo desconocido, lo inalcanzable, lo incomprensible. Las tinieblas externas corresponden también a nuestras tinieblas internas, es decir, a nuestro inconsciente. Poco a poco, el niño descubre un área infinita sobre la que no tiene ningún control y esto le llama la atención, como es lógico. Progresivamente, descubre la alteridad, todo lo que no es él mismo.

Si la noche lo preocupa, sus padres deben consolarlo, tranquilizarlo y ayudarlo a manejar la oscuridad. De hecho, existen unas lamparitas preciosas, de luz suave y cálida y distintos colores, así como unas lámparas que giran y proyectan en la pared hermosas sombras que enseguida se vuelven familiares para el niño y lo ayudan a dormir. ¡Llegará un día en el que ya no las necesite y él mismo las apague después de tranquilizar a sus peluches antes de dormir! También en eso, cada niño tiene su propio ritmo y evolución personal.

Los monstruos escondidos en la habitación

Los monstruos de debajo de la cama y los agazapados en los rincones son la expresión metafórica directa de las raras profundidades del ser humano. Representan muy

DE 0 A 6 AÑOS

DE 6 A 10 AÑOS

DE 10 A 15 AÑOS

claramente la parte oscura de nuestro inconsciente, con todas sus emociones silenciosas y confusas, incluso sus pulsiones destructivas, de las que no somos conscientes. Además, los monstruos suelen aparecer después de que a un niño se le riña por haber dicho algo poco correcto o irrespetuoso para el adulto, o después de que se le pida que deje de molestar o pegar a un compañero, a un hermano o un niño más pequeño. Toda la vitalidad que el niño reprime para conformarse a las exigencias sociales se transforma, cuando está solo y en la oscuridad, en monstruos y demonios, en animales feroces, en criaturas increíbles y formidables, dignas del cuento de hadas, de la película de fantasía o de los dibujos animados. De hecho, todas esas historias imaginarias les sientan muy bien a los niños, puesto que expresan a través de ellas sus emociones más escondidas y muchas veces más intensas.

Poco después de cumplir tres años, Manon explica que debajo de su cama hay un animal que le impide dormir por las noches. Su padre le pregunta cómo es ese animal tan feroz. Manon lo termina describiendo como un lobo.

–¿De qué color es?

–¡Ay, negro, todo negro!

–¿Cómo son sus ojos?

–Rojos.

Hablando con su padre, Manon alcanza a expresar con mayor precisión el objeto imaginario de su miedo. Su padre se inclina bajo la cama y habla con el lobo. Lo convence para que se vaya a dormir a otra parte, al bosque, lejos de la ciudad en la que vive Manon, diciéndole que allí estará mucho mejor. Después de esta conversación, Manon vuelve a dormir bien.

Algunas veces son las preocupaciones sexuales las que ocupan la mente de los más pequeños. Puede que se cuestionen sobre las diferencias entre sexos, los placeres que sienten en su cuerpo y, con más frecuencia, la reproducción: ¿cómo se hacen los niños? Esta es la gran pregunta de los niños en este periodo, que va de los tres a los seis años. Acapara una gran parte de su energía psíquica y de sus pensamientos. Cuando sus reflexiones sobre la sexualidad lo atormentan, se transforman a su vez en monstruos, insectos, serpientes o situaciones imaginarias que mezclan excitación y repulsión.

Los padres no tienen por qué obligarse a responder necesariamente con detalles precisos a esta intensa curiosidad sobre la vida sexual. Pueden hacerlo de forma imaginaria, poética o concretamente, respetando la edad y la sensibilidad del niño, sin erotizarlo ni insistir en ello. Evidentemente, lo mejor es decir la verdad sobre la realidad biológica, en concreto la anatómica, para que el niño no se forme ideas equivocadas. Existen libros muy bien pensados que hablan de la sexualidad y la reproducción de manera sencilla. Pueden ser una forma de abordar esta vasta pregunta dejando que el niño imagine o cree libremente aquello que corresponda a su edad y a sus propios descubrimientos del momento.

A esta edad también puede ocurrir que al niño le angustie la idea, a menudo inconsciente, de sufrir la mutilación de una parte de su cuerpo, en concreto de aquellas zonas que le procuran más placer. Esto sucede sobre todo a raíz de que un adulto lo riña para que reprima el placer que se proporciona tocándose los órganos genitales. En tal caso, conviene dejar que el niño descubra su cuerpo y el placer que este le brinda pidiéndole que lo haga cuando esté solo en su habitación y no delante de los demás, a los que no les incumbe y pueden sentirse molestos.

Los niños víctimas de abuso sexual o que han sido testigos directos de una relación sexual explícita entre dos adultos, aunque sea en la televisión, suelen expresar el trauma vivido a través de pesadillas, muchos nervios, la pérdida de apetito, un desinterés por el colegio o por los juegos de su edad, miedos inexplicables, llantos frecuentes, enfermedades psicosomáticas, etcétera. Es importante que los adultos estén muy atentos a estas señales y no duden en denunciarlas a las autoridades competentes si se diera el caso, porque numerosas situaciones de incesto o de abuso sexual empiezan muy temprano, cuando el niño es todavía muy pequeño.

No quiero irme a dormir

El hecho de que un niño se niegue a irse a la cama a la hora que los padres estiman necesaria puede deberse a varios factores.

Lo más corriente es que se trate de un niño muy sensible que necesite que sus padres le concedan tiempo y atención. El simple hecho de dedicarle un momento de tranquilidad a solas con él para hablarle o leerle una historia antes de dormir resuelve el problema en unos días.

A veces, el pequeño se entrega a actividades estimulantes hasta el momento mismo de irse a la cama, y está entonces demasiado excitado para poder dormirse. Este estado de nerviosismo corre el riesgo, además, de transformarse en «fatiga paradójica» (el niño necesita descanso, pero no consigue dormirse), sobre todo si los miembros de la familia acostumbran a vivir rodeados de ruido y agitación.

Por último, la agitación y la cogitación aumentan en los niños si ven la televisión por la noche, sobre todo los telediarios, que contienen mucha violencia, pero también películas para niños más mayores o para adultos, o series, que cada vez muestran más muertes, torturas o combates. *Un niño no puede sentirse sereno después de haber visto y escuchado tanta violencia. Es fundamental preservarlo, sobre todo por la noche, antes de irse a la cama.* Así, para favorecer el adormecimiento, lo ideal es proponerle actividades simples y tranquilas antes de acostarlo.

▌ La muerte, esa gran pregunta

Para el niño sensible, hay un momento en el que la muerte se convierte en su fuente más importante de preguntas. Los adultos tendemos a olvidarnos de la muerte, salvo cuando estamos gravemente enfermos o somos muy mayores y nos preparamos para morir. Cuando el niño descubre que la muerte existe, hacia los dos o los tres años, se impresiona bastante, piensa muchísimo en ello y hace numerosas preguntas. Antes de pensar que ellos mismos puedan morir, toman conciencia de que sus seres queridos pueden hacerlo.

La desaparición de un ser querido

El niño pequeño a menudo descubre la muerte de manera inopinada. No está preparado. Este descubrimiento es una gran sorpresa para él. Constituye una verdadera desilusión. Hasta ese momento pensaba que cada ser era inmortal. La muerte no formaba en absoluto parte de sus pensamientos. No era consciente y no le preocupaba. Algunas veces, el encuentro con la muerte se produce porque el niño se topa con un animal muerto. Descubre el cadáver del animal tendido e inánime, es decir, a la vez inerte y sin aliento, y experimenta entonces lo irreversible y lo irremediable: el fin último, la imposibilidad de volver atrás; ese animal ya no vivirá más, se acabó. El encuentro con la muerte es todavía más desestabilizador cuando se trata de un ser humano, sobre todo si es un conocido del niño: un abuelo, un padre o un hermano al que ya no verá más y con el que ya no podrá hablar, ni jugar, ni cantar, ni bailar. El niño se pregunta adónde va la persona que ha fallecido, qué ocurrirá con su cuerpo dentro del ataúd, bajo la tierra, o si es incinerado y reducido a cenizas. Pero es, sobre todo, la ausencia del ser querido lo que le hace experimentar el vacío que provoca echar de menos a alguien. Al mismo tiempo, se ve afectado por la tristeza y la pena de sus allegados. La atmósfera familiar cambia. El alborozo, la ligereza y la alegría parecen haber desaparecido.

Ya sea porque haya visto un animal muerto o porque haya perdido a un ser querido, una vez que la muerte irrumpe en su existencia, el niño es capaz de imaginarse que va a perder a las personas que más quiere y vivir atormentado durante semanas o meses con el temor de que su madre o su padre desaparezcan. Algunas angustias del abandono pueden resurgir en ese momento. Es necesario tomarse el tiempo de hablar de la muerte con los más pequeños, utilizando un lenguaje muy sencillo y ayudándonos de cuentos adecuados para los niños de su edad o hablando directamente de la persona fallecida, recordando especialmente las cosas buenas. Los pequeños también necesitan vivir completamente el proceso de duelo acompañados y apoyados.

Por supuesto, la muerte de una persona cercana puede convertirse en una buena ocasión para hablar con el niño de sus ideas, sus creencias o sus esperanzas sobre el más allá, con cuidado de explicarle nuestras propias convicciones sin imponérselas y dejando que exprese su intuición personal, su sensibilidad y su imaginación sobre el tema. Esta apertura de mente es todavía más importante en el caso de los niños ultrasensibles, porque con frecuencia se interesan por las realidades sutiles o, podríamos decir, «sobrenaturales» de la vida espiritual, así como por los pensamientos profundos, las distintas sabidurías y el simbolismo. *Como son extremadamente atentos e intuitivos, perciben matices que a los adultos pueden escapársenos.* También viven de forma espontánea largas ensoñaciones de las que guardan muy buenos recuerdos, unas experiencias maravillosas.

La muerte repentina

Las experiencias de la muerte que más nos impresionan son las que ocurren de manera totalmente imprevisible. Por ejemplo, los fallecimientos accidentales, los ataques al corazón, los accidentes cerebrovasculares o los suicidios. La gran sensibilidad del niño hace que capte hasta los más ínfimos detalles de esas situaciones tan excepcionales. Son sensaciones e impresiones que permanecerán grabadas en él durante mucho tiempo.

Arthur tiene cuatro años y medio. Un domingo por la tarde, está jugando tranquilamente con su hermano mayor cuando suena el teléfono. Su madre responde. Enseguida siente que algo extraño sucede. La atmósfera ha cambiado. A su madre se le quiebra la voz. Cuelga y se apresura a ir a hablar con su marido. Uno de sus amigos ha muerto en un accidente de tráfico, su mujer está en el hospital con sus hijos, todos heridos. Arthur percibe la consternación de sus padres. Tiene la impresión de que el mundo se ha detenido, congelado, y de que los adultos desaparecen, como si los hubieran borrado. Ya no se ocupan de él, de tan absortos como están por la mala noticia. Arthur siente que una niebla pesada y espesa se cierne sobre la familia. El domingo siguiente, sus amigos han salido del hospital y vienen a comer. Aunque no puede describir con precisión lo que siente, Arthur percibe el desarraigo y el dolor de la mujer y los niños y a él también le afecta durante mucho tiempo. Durante todo ese periodo, Arthur duerme menos. Se hace muchas preguntas. Habla muy a menudo del accidente y de la muerte. Le preocupa mucho.

Las catástrofes naturales, las destrucciones masivas y las numerosas muertes que estas ocasionan impresionan también mucho a los más pequeños. Así, el tsunami que, el 26 de diciembre de 2004, arrasó las costas asiáticas del océano Índico en Sri Lanka y en Tailandia, llegando hasta Malasia e Indonesia, marcó a los niños supervivientes que estaban allí y que vivieron, la mayoría, un verdadero trauma. Los niños que supieron de la catástrofe por la televisión también quedaron muy afectados por los acontecimientos. Hubo algunos pequeños que hablaron repetitivamente del tema en casa o en el colegio durante muchos días. Estaban desorientados y obnubilados al mismo tiempo por el desastre.

Una buena manera de ayudarlos a superar esta forma de fascinación ansiosa es contarles una historia similar y simplificada o jugar con ellos y sus peluches, sus muñecas o sus muñecos. Por ejemplo, la historia de una gran ola que llega a la playa y de un delfín, un elefante o un mono que logran salvar al niño y prevenir a los padres, o de un barco que se los lleva lejos de allí para que continúen tranquilamente sus vacaciones. Han pasado mucho miedo, pero ahora todos están bien y felices juntos.

Por último, los atentados terroristas tienen un impacto muy poderoso en la sensibilidad tan a flor de piel de los más pequeños, incluso si no lo manifiestan de la misma manera que los mayores. Después de este tipo de sucesos, los padres o los educadores pueden dedicar un momento a nombrar los hechos de manera sobria y sencilla, denunciarlos y hablar de la crueldad de sus autores; deben recordarles a los niños que se trata de unos hechos excepcionales y que se han tomado las medidas para que no vuelvan a ocurrir. También es importante evitar cualquier tipo de discurso ideológico que le cree todavía más confusión al niño.

En todos estos pasajes críticos, la presencia bondadosa y solícita de los padres o de los adultos en general es fundamental para apoyar al niño en la prueba por la que está pasando, infundirle valor y aliviar su malestar.

El discurso de un adulto que busca racionalizar la situación no produce ningún efecto en los niños de menos de siete años. Incluso puede que no baste con las palabras tranquilizadoras. Normalmente, funciona tomar en brazos al niño con dulzura durante un momento para que se calme. También la actitud tranquila y confiada de los padres o los educadores permite que el pequeño se calme. Las palabras más sencillas son suficientes. No olvidemos que *los niños son mucho más sensibles al ejemplo que al discurso.* Tienen en cuenta lo que perciben. Un adulto realmente sereno apacigua mucho más fácilmente a un niño que cualquier palabra que lo exhorte a no sentir lo que siente. No se trata de oponerse a la sensibilidad del niño, de querer contradecirla o disminuirla. Al contrario, la actitud justa y efectiva consiste en aceptar su sensibilidad tal y como se manifieste o se exprese. Es la única conducta que de verdad ayuda al niño.

• • • • • • • • • • • • • • • • • • • •

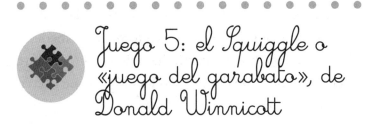

Juego 5: el Squiggle o «juego del garabato», de Donald Winnicott

El célebre *Squiggle,* propuesto por el pediatra y psicoanalista británico Donald Winnicott, puede practicarse tanto como se desee y bajo múltiples formas. Puede tratarse, efectivamente, de un dibujo a cuatro manos. El niño comienza dibujando un trazo y el adulto lo completa; el niño prosigue, el adulto continúa, y así seguidamente, en un intercambio libre hasta que se termina un dibujo completo que le guste al niño. Él es quien decide… También podéis inventar una historia juntos, cada uno aportando, por turnos, elementos al relato. Lo mismo con una canción, un poema, etcétera.

DE 0 A 6 AÑOS

DE 6 A 10 AÑOS

DE 10 A 15 AÑOS

4

De los 6 a los 10 años: la alta sensibilidad en el niño que está creciendo

«La infancia es el momento en el que aprende-
mos a observar. [...] Las expresiones sencillas de la sensibilidad tienen en los niños un encanto inexpresable».

Maria Edgeworth, *Éducation pratique*

Entre los seis y los diez años, el niño se hace mayor
físicamente y más independiente cada vez. La entrada en primero de primaria es un momento muy importante de este periodo. Se trata de la clase más difícil de toda la escolarización, porque el niño pasa de un
aprendizaje basado en el juego a un aprendizaje mucho
más estricto, que exige un respeto por las reglas y los códigos establecidos por la lectura, la escritura, el cálculo,
la gramática, la conjugación, el uso de la lengua, etcétera. El niño deja atrás, definitivamente, la despreocupación de la primera infancia.

Tras la aparición del pudor, se desarrolla la morali-
dad. El niño se hace preguntas fundamentales sobre lo
que está bien y lo que no, sobre la honestidad, la verdad, la equidad y, de una forma más ligada a la sociedad
y a la cultura, la riqueza, la pobreza, la propiedad, los

bienes públicos, etcétera. Comienza a reflexionar sobre la bondad y la maldad, la apertura de mente o la intolerancia, y esto le permite evaluar las cualidades humanas de las personas que lo rodean.

Si la gran sensibilidad del pequeño no deja duda de su completa receptividad ante todo lo que vive y de una relativa «inmadurez» de su cerebro en formación, la hipersensibilidad del niño que está creciendo va a confirmarse poco a poco, ya sea respecto a una «norma» familiar que ponga de manifiesto su diferencia a ojos de las personas de su entorno, ya sea cuando se lo compare con otros niños de la misma edad en el colegio o durante las actividades extraescolares.

Estos años de la infancia son cruciales porque, si nadie comprende al niño pequeño en su especificidad y no le explica en qué consiste esta, puede creerse que es raro o «anormal» y sufrir por ello durante mucho tiempo, sobre todo si reniega de su originalidad.

◗ La alta sensibilidad es fruto de una historia

Hasta ahora, la concepción estadounidense de la hipersensibilidad, que la vinculaba a un origen genético, se oponía a la visión europea, que insiste en la historia personal del individuo ultrasensible y tiene en cuenta distintos momentos claves de su existencia. Hoy en día, las

DE 0 A 6 AÑOS

DE 6 A 10 AÑOS

DE 10 A 15 AÑOS

diferentes investigaciones disponibles, tanto en neurobiología como en genética y en psicología, convergen hacia un origen complejo y múltiple de la hipersensibilidad, que resultaría de las experiencias vividas por el niño y la forma en la que las ha percibido y a continuación integrado.

Si la alta sensibilidad no es genética, al menos puede ser *genealógica*, es decir, depender de los modos particulares de vivir la sensibilidad que posea la familia de cada progenitor, aceptándola o rechazándola y expresando o no sus percepciones, según el espacio acordado a la empatía, así como a las sensaciones, emociones, sentimientos, intuiciones, etcétera.

· · · · · · · · · · · · · · · · · · ·

 Test sobre el niño: ¿es un niño muy sensible?

Coloca una cruz en el recuadro frente a cada propuesta que corresponda a una característica de tu hijo. Puedes hacer este juego de evaluación con él.

La ropa mojada, las etiquetas y los tejidos que rascan le molestan	
Se siente incómodo si los zapatos están mal abrochados o le aprieta la ropa	

Aprecia las conversaciones profundas y reflexivas	
No quiere irse de campamento	
Las fiestas o las comidas familiares duran demasiado tiempo para él	
Puede parecer maduro para su edad	
Detesta la violencia, lo vulgar, las películas de miedo, los juegos de acción y los conflictos	
Es amable, honesto y recto	
Es muy soñador e imaginativo	
La injusticia y la maldad lo desestabilizan	
Es muy dulce y comprensivo con sus amigos, con los ancianos y con los animales	
Es muy íntegro y vive las experiencias con mucha intensidad	

Cuenta el número de casillas marcadas. Si el total es superior a cuatro, podría ser que tu hijo fuera altamente sensible. Si la puntuación es superior a ocho, tu hijo es probablemente ultrasensible y se merece toda tu atención de padre bondadoso.

● ● ● ● ● ● ● ● ● ● ● ● ● ● ● ● ● ● ●

La ultrasensibilidad es constitutiva en el niño pequeño. Concierne a todos los lactantes y niños hasta los siete años o más, y se vuelve existencial o «reaccional» después. A partir de ese momento, concierne de manera específica a una parte de los niños.[*] El niño altamente

---

[*] La gran mayoría, de hecho, porque hasta la entrada en el instituto la sensibilidad de los niños permanece todavía particularmente viva. Abordaremos este umbral importante en el capítulo siguiente

sensible siente a menudo un desajuste respecto a su familia y sobre todo, fuera de esta, en el colegio o en los distintos lugares donde ha de socializar.

Siete grandes tipos de factores pueden influir en la sensibilidad de un niño y hacerla más aguda, en ocasiones incluso difícil de vivir:

1. El niño está en contacto diario con personas muy sensibles que estimulan y valoran su sensibilidad, favoreciendo su expresión, la creatividad que se desprende de ella, la intuición, etcétera.

2. El niño está en contacto frecuente con personas que lo desprecian, lo regañan, lo critican o lo castigan.

3. Los padres no le dan fiabilidad, están ausentes, son distantes, están enfermos o deprimidos, lo maltratan o son alcohólicos. El vínculo con ellos no es seguro.

4. El niño ha sufrido uno o varios incidentes perturbadores, incluso uno o varios traumas.

5. Uno de sus padres, o ambos, está marcado por uno o varios traumas.

6. Uno de sus padres, o ambos, es también hipersensible.

7. El niño sufre una enfermedad crónica o que lo incapacita.

Evidentemente, lo más corriente es que sean concomitantes varios factores en la activación de una forma de ultrasensibilidad en el niño. Además, de lo que ya nos podemos dar cuenta es de que, según la naturaleza de estos factores y su importancia, incluso su gravedad, *la ultrasensibilidad será completamente distinta de un niño a otro.*

Los distintos estudios de referencia muestran que el factor más importante en el desarrollo del niño es la calidad de la relación que los padres (o al menos uno de ellos) establezcan con su hijo. *Cuanto más sólido sea este vínculo, más fiable y profundo, más posibilidad tendrá el niño de realizarse.* *

> Los niños se apegan a la persona que más se ocupa de ellos. La naturaleza de ese vínculo, ya sea fuerte o frágil, influye enormemente en el curso de sus vidas. Un apego sólido se forma cuando los cuidados incluyen una «afinación» afectiva. Dicha afinación comienza en los niveles físicos más sutiles de la relación entre el bebé y la persona que le da de comer y le ofrece la sensación de que se le escucha y se le comprende. **

Por el contrario, cuando este vínculo primordial no es de una calidad lo suficientemente buena, por la razón que sea, el niño no se beneficia de unos cimientos

---

* Los descubrimientos de John Bowlby y Donald Winnicott, psicoanalistas británicos de la segunda mitad del siglo xx, han sido confirmados, completados y enriquecidos por numerosos estudios recientes (ver la bibliografía).
** Bessel van der Kolk, p. 127 (ver la página 68).

lo bastante sólidos. Se vuelve más reactivo, estresado, inestable, miedoso, agitado, emotivo o frágil.

Esto no significa que algunos niños que se benefician de un buen vínculo con, al menos, uno de sus padres no puedan, igualmente, ser especialmente sensibles. En esos casos, son otros los factores que contribuyen al desarrollo específico de su alta sensibilidad, como una gran valoración de la sensibilidad en su entorno o la fuerte sensibilidad de uno de los padres.

Sea cual sea el origen, siempre complejo y múltiple, de su hipersensibilidad, los niños ultrasensibles chocan a veces con la incomprensión e incluso el rechazo de una parte de las personas que más frecuentan, a quienes puede costarles comprenderlos y aceptarlos.

▶ El rechazo hacia el niño hipersensible

A lo largo de los siglos, se han desarrollado dos representaciones opuestas del niño. La primera de estas concepciones lo presenta como un salvaje, o incluso malo por naturaleza: necesita, pues, que lo enderecen, incluso ser «aplacado», como a veces se oye por ahí. Los adultos que creen en esta concepción son con frecuencia duros y severos, justifican los castigos que infligen a los niños que los «desobedecen» y los tachan de insoportables. Una madre que comulgue con esta «ideología» pegará a su hijo y lo llamará «niño del demonio», es decir, le hará creer que es «diabólico».

La segunda concepción ve al niño como un ser inocente, incluso angelical: el riesgo aquí es admitírselo todo, ceder a su más mínima petición, olvidándose de que, como todo ser humano, el niño también tiene tendencias agresivas, una sexualidad (aunque sea muy diferente de la del adulto) y unas intenciones propias. Un padre que se acoja a esta creencia no tardará en verse desbordado cuando sus hijos crezcan, y cuando esto ocurra, ¡les reprochará que son unos «caprichosos»!

Estas dos visiones corresponden a idealizaciones del niño, una negativa y otra positiva. No concuerdan con la realidad. Para empezar, no existe un modelo o esquema tipo: cada niño es distinto. Además, cada uno de nosotros está marcado por su historia, condicionado por el contexto cultural en el que evoluciona, influido por su entorno familiar y social. Por último, los padres y los educadores, según su concepción de la infancia, inducen precisamente en el niño lo que quieren o dicen encontrar en él, aquello que les parece que confirma su modelo. Llegan a encontrarse, así, en un callejón sin salida.

La realidad es mucho más sencilla. Si aceptamos que cada niño es único, que siente y piensa a partir de su experiencia, que desarrolla una personalidad específica y posee su propia historia, nuestro papel como educadores consiste ante todo en observarlo, escucharlo y responder a sus preguntas, estar presente cuando nos necesite y ponerle límites si va demasiado lejos, por ejemplo si se pone en peligro, trata mal a otro niño, se pone demasiado nervioso, se burla de otra persona o le falta la respeto, etcétera.

Difícil diferencia

Una de las más difíciles de las numerosas experiencias a las que la vida nos enfrenta es la de la diferencia. Descubrimos a una edad muy temprana que las diferencias existen. Los más pequeños las aceptan con gusto e incluso con gran facilidad, pero, al crecer, el niño comienza a ser orientado y marcado por su educación, las costumbres de su familia y las de su comunidad y las creencias de las personas que lo rodean. Los niños (o los adultos) diferentes a él y a sus allegados le parecerán sorprendentes, extraños o raros. Influido por las personas que cuentan para él y a las que trata de gustar o adaptarse, puede llegar a denigrar o rechazar a aquellas que son demasiado distintas a él. Esta actitud puede degenerar en un desprecio por individuos de otra clase social, que hablen con un acento particular, que tengan una cultura o religión distintas o incluso con una sensibilidad diferente o más sensibles que él. Una vez que se ha instalado, la tentación de la exclusión puede llegar a generar un miedo al otro y enfrentamientos violentos entre niños con distintos referentes.

Alba es bailarina, coreógrafa y profesora de danza. Dirige con una compañera una escuela de danza para niños y adolescentes. Entre los alumnos pertenecientes a comunidades distintas, especialmente magrebíes y europeas, están observando unas tensiones muy fuertes e incluso violentas. De modo que ambas mujeres, con la ayuda de la directora de una escuela primaria, han decidido poner en marcha unos talleres pensados para ayudar a los niños a comunicarse mejor, compartir, entenderse y llevarse bien. Un diálogo libre precede y sigue a los momentos de baile, a partir de imágenes que los mismos niños proponen para simbolizar situaciones de conflicto o malentendidos entre ellos, así como la violencia vista en televisión. Alba está muy contenta con esta experiencia, le parece fructífera. Explica que la sensibilidad de los niños más duros o más encerrados en sí mismos se ha desarrollado. Se alegra de ver cómo evolucionan los niños: los más miedosos o cerrados ahora se expresan con más facilidad, los considerados «agresivos» expresan su malestar a través del baile y cada vez más con la palabra, las ideas sobre unos y otros se suavizan y se vuelven más complejas, etcétera.

La acogida del niño altamente sensible dependerá de la manera en la que el adulto considere la sensibilidad en general y acepte su sensibilidad personal en particular. Estar en contacto diario con niños muy sensibles supone, por tanto, una formidable oportunidad para conocer y, en consecuencia, aceptar cada vez mejor nuestra propia sensibilidad. En caso contrario, si el adulto se bloquea o se cierra y rechaza un aspecto u otro de su sensibilidad, será incapaz de sentirse cómodo de verdad con la alta sensibilidad de los niños a los que cuida. Se arriesga a no ver la riqueza que estos pueden aportarle, e incluso a serles hostil.

Del mismo modo, los niños imitan a sus padres y absorben sus emociones tanto como su discurso, por lo que pueden rechazar la sensibilidad más fuerte de algunos compañeros que no se corresponda con el modelo familiar, más o menos favorable a la sensibilidad, que hayan interiorizado.

La violencia infantil

Entre ellos, los niños se enfrentan a sus pulsiones, es decir, a unas fuerzas a la vez psíquicas y físicas que motivan sus acciones y, todavía más, sus atracciones y sus rechazos. De modo que viven momentos de acercamiento agradables y otros momentos de fricciones o de conflicto. Cuando surgen las dificultades para entenderse, los niños pueden detectar la intención de hacer daño, herir o dominar, e interrogarse por ello sobre la maldad, sobre la voluntad de hacer daño, que existe también entre ellos.

Para un niño particularmente sensible, esta situación tan corriente puede volverse complicada debido a las burlas o al rechazo que quizás experimente al no ser exactamente igual a los demás. El niño es perfectamente consciente de este desajuste respecto a sus compañeros, de esta «diferencia» que a veces sufre, y puede llegar a sentir vergüenza.

En esas ocasiones, tal vez se encierre en sí mismo o se sienta herido hasta el punto de dejar de querer hablar o jugar. En el mejor de los casos, el niño hipersensible cambiará de grupo de amigos o jugará a otros juegos hasta sentirse mejor aceptado. Estos momentos de choque con la realidad (que aquí no es otra que una dificultad para aceptar las diferencias e incluso la existencia de la maldad) son muy importantes para la concepción que cada uno tiene de sí mismo. Con frecuencia, los niños que no consiguen defenderse son los que más sufren la maldad, y es precisamente la empatía natural del pequeño sensible lo que lo empuja a seguir intentando comprender a los demás en lugar de protegerse de su crueldad o, al menos, de su falta de estima por él.

Unos meses después de comenzar la escuela primaria, Jules pierde su buen humor y su alegría de vivir. Cuando su padre le pregunta qué le sucede, al principio no sabe qué responder. Tiempo después, un viernes por la tarde, a la salida del colegio, el padre recoge a su pequeño llorando. Jules le dice que no quiere volver a la escuela, que está demasiado triste. Por la tarde, le cuenta a su padre que un compañero de clase no para de molestarlo, de quitarle sus cosas, de hacerlo caer... Como Jules no consigue defenderse, el otro sigue cada vez más. Después de consolar a su hijo, el padre le explica que no debe permitir que le hagan daño y que puede decir que «no» con firmeza, incluso hablando fuerte, para que el otro pare. Al día siguiente, toma un cojín de la cama de Jules y le pide que se dirija al cojín como si fuera ese compañero matón. Le hace repetir la escena varias veces. Al principio con timidez, luego cada vez con mayor convicción, Jules termina por afirmarse. El domingo por la tarde, ya no tiene tanto miedo de volver al colegio y se siente lo bastante fuerte como para enfrentarse a la violencia.

En la mayoría de los casos, basta con ayudar al niño a afirmarse. Algunos padres animan a sus hijos, niñas o niños, a practicar artes marciales, como el judo, el aikido o el taichí. Se trata de una idea excelente, porque estas prácticas ayudan a los niños a centrarse de nuevo y relajarse a la vez que les enseñan a defenderse, incluso físicamente si es necesario.

Burlas, vergüenza y humillaciones

El rechazo a la diferencia y, especialmente, a una sensibilidad más desarrollada que la de uno también puede derivar en una desvalorización. Al niño señalado con el dedo se le achacan, sin razón alguna, defectos o taras imaginarios. Esta forma de ridiculizar a menudo se expresa mediante burlas que afligen enormemente al que las sufre. Las burlas pueden extenderse, también de manera arbitraria, a particularidades de la talla, el peso o el olor, o referirse al nombre, el apellido, un hábito alimentario, una forma de expresarse, etcétera.

El niño sensible, si se burlan de él a menudo, corre el riesgo de intentar preservarse evitando el contacto con los demás. Es importante ayudarlo a restaurar la concepción que tiene de sí mismo, para que vuelva a adquirir confianza y pueda seguir relacionándose con los demás cuando lo desee, sabiendo responderles si se burlan de él o encontrar la manera de distanciarse de sus palabras para que le afecten menos.

En una familia reconstituida con cinco hijos, los dos hijos por parte de la madre son ultrasensibles y los otros tres no. Esta segunda parte de la familia tiene tendencia a burlarse mucho de la primera, lo cual no facilita la armonía entre los niños. Un día, después de hablarlo entre ellos, los padres establecen una regla muy sencilla para facilitar un mejor entendimiento y respeto de todos: prohíben cualquier forma de burla. Tras una primera reacción de sorpresa y desconcierto, los niños aceptan la regla. Esta nueva forma de vivir juntos sin burlas de ningún tipo ha hecho posible que se establezcan buenas relaciones y un mejor ambiente de juego y de trabajo. Desde entonces, los niños son capaces de expresarse libremente y sentirse realizados sin temor a que los desacrediten.

Algunos niños que han pasado por momentos de vergüenza pueden sentirse horrorizados ante la sola idea de vivir de nuevo una situación parecida con otras personas. No solo tienen miedo de sentir vergüenza, sino que, sobre todo, les preocupa que se les note. Quieren evitar a cualquier precio sonrojarse en público; si alguien se fija en que se han sonrojado, el malestar todavía se acentúa más. Viven esta obsesión como un ciclo infernal en el que la vergüenza se alimenta de la vergüenza, sin fin ni sosiego posible.

Los motivos de la vergüenza pueden ser muchos. Quizás se remonten a una vergüenza parental o más alejada en la genealogía. Cuando la fuente de la vergüenza es personal, procede de la esfera íntima brutal o indebidamente desvelada a los demás; por ejemplo, la sensibilidad por la poesía, los sueños y esperanzas, el llanto o el amor, sobre todo si se trata del amor de una niña por otra niña, de un niño por otro niño o de un niño europeo por otro africano o asiático, y viceversa. Algunos aspectos corporales desacreditados o mal vividos pueden ser una fuente de vergüenza, así como la sexualidad, si se desvela de forma impúdica o se explica sin delicadeza.

Víctor, un niño pequeño de siete años extremadamente sensible y maduro para su edad, está enamorado de una niña de su clase. Un día, con su consentimiento, pretende «hacer el amor» con ella en los baños del colegio. En lugar de dejar a los niños tranquilos y explicarles con palabras sencillas que el colegio no es el lugar más indicado ni seguro para que vivan su amor, el adulto que los sorprende castiga al niño pequeño

humillándolo delante de todos sus compañeros. La vergüenza traumática que le provoca es de una intensidad tal que ya
no quiere volver al colegio. Durante su terapia, Víctor logra
restaurar una buena concepción de sí mismo, así como su
orgullo de ser humano con sus deseos, pasando por la aceptación de su sexualidad en desarrollo. También comprende
que amar no pasa necesariamente por la sexualidad, sobre
todo a su edad.

*La humillación es una de las heridas psíquicas más du-
ras que puede vivir un ser humano.* Lo rebaja, lo excluye
de la comunidad, lo presenta como intrínsecamente
despreciable y le hace vivir una poderosa sensación de
falta de dignidad. Los niños que han experimentado la
humillación, directamente en su persona o indirecta-
mente en la de uno de sus conocidos, viven atormenta-
dos por la idea de que los humillen de nuevo o vuelvan
a ser testigos de alguna humillación. Después de estas
experiencias de vergüenza o de humillación, el niño
puede sentir una verdadera desesperación y dejar de
tener ganas de vivir. Se trata de sentimientos muy profundos y sinceros que hay que tomar en serio sin mini-
mizarlos o banalizarlos. Si se instalan en él, necesitará
una terapia que le ayude a encontrar de nuevo su deseo
de desarrollarse como ser humano, y la esperanza y el
gusto por la vida.

La alta sensibilidad en el colegio

Algunos miedos afectan a todos los niños altamente sensibles de manera más o menos clara, por ejemplo la aprensión cuando cambian de colegio. Otros miedos se originan por dificultades con un compañero o un profesor, o por problemas más graves, como la desvalorización sistemática, el acoso o el chantaje.

• • • • • • • • • • • • • • •

Juego 6: dibujar y contar una historia entre varias personas

Puedes divertirte con tu hijo o tus hijos dibujando unas cartas con las que contar una historia. El principio es muy sencillo. En una primera etapa, utilizando unas hojas de formato A5, por ejemplo, o lo que equivale a medio folio, cada uno dibuja, pinta o hace un *collage* según su inspiración del momento. Las cartas pueden representar una escena muy sencilla de la vida cotidiana o la visión de un paisaje, inspirarse en un sueño o incluso ser completamente abstractas. En una segunda etapa, una vez que hayáis preparado una decena de cartas al menos, las pondréis bocabajo, las barajaréis y luego el primer jugador sacará una. Le dará la vuelta, la mirará e inventará el principio de una historia a partir de lo que vea o le inspire la carta. Cuando lo desee, podrá dejar la historia en suspenso y pasar el turno al siguiente jugador. El segundo jugador sacará otra carta y la colocará bocarriba sobre la primera. Se inventará una continuación de la historia a partir de su carta, y así otra vez hasta llegar a la última. Este juego les gusta mucho a los niños imaginativos, y ese es el caso de la gran mayoría de los pequeños hipersensibles.

• • • • • • • • • • • • • • • • • • • •

Hoy en día, muchos niños se enfrentan a la violencia en el colegio, de camino al colegio o cuando vuelven a casa. El niño ultrasensible, sobre todo si es amable, reservado y discreto, es demasiado a menudo el objetivo de esta violencia, con el aval más o menos silencioso de algunos adultos, que dejan a los niños ejercer su acoso o a veces incluso los animan a ello.

Cambiar de colegio

Los niños sensibles sienten un miedo legítimo cuando cambian de colegio. La situación más típica es la del paso de la escuela infantil a la primaria y luego al instituto. También una mudanza puede originar un cambio de centro educativo. En cualquiera de estos casos, el niño tiene miedo al nuevo ambiente que todavía desconoce. Puede mostrarse ansioso y, por tanto, más nervioso y agitado. También puede que duerma peor durante un tiempo, que pierda el apetito o se vuelva más agresivo. No hay que preocuparse: todo vuelve al orden en cuanto se adapta y se acostumbra a su nuevo colegio. Encuentra entonces sus marcas de referencia y se siente a gusto.

Cuando la familia se ve obligada a mudarse con mucha frecuencia, sobre todo a mitad del curso escolar, el niño puede perturbarse bastante o desanimarse por tener que aceptar perder a sus amigos continuamente para hacerse otros nuevos. Debe igualmente integrar nuevas reglas y formas de hacer las cosas distintas a las que ya estaba acostumbrado. Esto puede cansarlo, agotarlo incluso. La comprensión y la paciencia de los padres y profesores son totalmente necesarias para acompañar su desarrollo y animarlo y motivarlo de nuevo.

El niño altamente sensible es *más lento* que la mayoría de los niños a la hora de abordar una nueva tarea, un nuevo tema o un nuevo ejercicio. Es importante que los adultos lo tengan en cuenta. Esto se debe al tratamiento profundo de la información que lo caracteriza y que lo vuelve todavía más frágil, más prudente y más reservado durante las mudanzas o durante cualquier situación que trastorne sus costumbres (campamento de verano, estancia en el campo, el mar o la nieve con el colegio, prácticas, hospitalización, cambio temporal de residencia, etcétera).

Algunas características del niño hipersensible en el marco del colegio

Procesamiento de alto nivel, reflexión desarrollada y empatía

¿Qué significa ese procesamiento en profundidad de la información o procesamiento de alto nivel que caracteriza a las personas altamente sensibles?

La investigadora Elaine Aaron y sus colegas realizaron en Estados Unidos un par de estudios, cuyos resultados fueron publicados en 2010 y 2014, en los que, gracias a la técnica de la IRMf (imagen por resonancia magnética funcional), pusieron en evidencia las zonas del cerebro que se activan durante la resolución de un ejercicio y según la intensidad. A continuación, realizaron una comparación entre personas altamente sensibles y otras que no lo eran.

El cerebro humano no solo efectúa un procesamiento de alto nivel cuando distingue la forma de un objeto, de un paisaje o de una situación, sino también su contenido o su sentido. Puede discernir una mirada (bajo nivel) y luego distinguir si esta mirada es tranquila, bondadosa o amenazante (alto nivel), teniendo por tanto en cuenta la expresión, la intención y la coloración emocional.

A diferencia de los participantes no hipersensibles, el cerebro de los individuos con alta sensibilidad se activó sobre todo en las áreas cerebrales correspondientes al procesamiento de alto nivel.

Estos estudios no tenían por objetivo establecer una jerarquía o un juicio de valor entre lo que estaría bien o menos bien. Simplemente permitieron observar que *el cerebro de una persona ultrasensible trabaja de una manera más profunda y, por tanto, más lenta, percibiendo y analizando más detalles y teniendo en cuenta diferencias sutiles.*

«Estos resultados confirman que la persona altamente sensible:

- Reflexiona en profundidad.
- Analiza los problemas en su globalidad.
- Sabe cómo utilizar la información sensorial.
- Presta una gran atención a los detalles.
- Se detiene ante las situaciones que no le son familiares para observar y reflexionar antes de actuar».[*]

Los investigadores se interesaron a continuación por la empatía y las reacciones emocionales. Pudieron demostrar que las personas ultrasensibles poseen una gran capacidad para comprender los sentimientos, emociones y necesidades de los demás porque son capaces de percibir lo que ellas mismas sentirían en una situación parecida.

---

[*] Else Marie Bruhner, p. 75 (ver la página 48).

DE 0 A 6 AÑOS

DE 6 A 10 AÑOS

DE 10 A 15 AÑOS

«El cerebro de las personas sensibles se activa:

- *Más* que el de las personas no hipersensibles ante cada foto, independientemente del sujeto y de la expresión de su rostro.
- *Fuertemente* delante de la foto de alguien cercano triste o sonriendo.
- *Muy fuertemente* ante la foto de su pareja sonriendo.
- *Con compasión* ante un rostro triste».[*]

Podemos, por tanto, concluir que los niños hipersensibles tienen unas capacidades relacionales particularmente desarrolladas. Son extremadamente conscientes de lo que ocurre en su interior y a su alrededor. Son muy intuitivos y comprensivos con los demás. Están deseando mejorar la situación de las personas que los rodean. Por consiguiente, le dan una gran importancia a la humanidad de las relaciones que viven con los demás, así como a la profundidad y la sinceridad de estas relaciones.

Me parece importante que los adultos con niños a su cargo (padres, abuelos, educadores, jueces, médicos y psicólogos) tengan realmente en cuenta a diario las particularidades de la alta sensibilidad, tanto a nivel del aprendizaje, más lento al principio, como de las relaciones sociales, más cargadas de empatía.

---

[*] Íbid, p. 77. «Los participantes sensibles demostraron mucha más actividad que los demás en la ínsula y en las zonas de las neuronas espejo».

Miedo a la exclusión, búsqueda de la perfección y deseo de permanecer escondido

Es frecuente un cierto estado de vigilancia frente al grupo. Esta actitud la tienen muchos niños sensibles, sean reservados o no. Puede durar más o menos tiempo. Lo normal es que desaparezca rápidamente. Puede que los niños tengan miedo de que los juzguen o, simplemente, no deseen exponerse o llamar la atención y prefieran quedarse en segundo plano. A veces temen que no los aprecien debido a «defectos» que creen tener, a su origen social o cultural, a sus resultados escolares y, más aún, a su gran sensibilidad. En realidad, *todos los niños necesitan que se los valore a partir de sus puntos fuertes.*

A cualquier persona le preocupa ser excluida. El niño altamente sensible espera evitar que sus profesores dejen de apreciarlo o sus amigos dejen de amarlo. No quiere, sobre todo, encontrarse solo, sin nadie en quien confiar y apoyarse, sin un amigo o una amiga con quien jugar.

En ocasiones, los profesores o el entorno del niño hipersensible lo presionan demasiado debido a su madurez, su seriedad y su implicación. El niño, que quiere hacerlo lo mejor posible, trabaja sin descanso hasta llegar a un verdadero agotamiento o *burn-out.* Trata de ser perfecto y de permanecer siempre al más alto nivel ¡y acaba culpándose y dejando de dormir cuando no lo consigue! Es como si viviera bajo una tensión permanente, sin descanso y sin reposo, temiendo todo el rato no estar haciéndolo lo suficientemente bien.

Paradójicamente, existe también en algunos niños una voluntad inconsciente de no mostrar sus éxitos. Quieren evitar que los profesores los valoren o los pongan como ejemplo. Les parece más tranquilizador mantenerse en el anonimato del grupo. También puede que les atormente la idea de tener que seguir acumulando éxitos, como si esto fuera a exigirles un incremento colosal de trabajo o todavía más implicación, cuando ellos ya han llegado al límite de sus capacidades. Pueden, incluso, temer que este éxito los obligue a hacerse «mayores», siempre serios y eficaces, y les arrebate el estatus cómodo y envidiable del niño mimado por sus padres.

Bob acaba de cumplir quince años. Desde hace tiempo, no consigue ir al instituto. Le duele la barriga, se encuentra muy cansado, tiene unas ganas constantes de vomitar. Su madre lo lleva al médico, que le manda análisis. Los resultados son buenos, no muestran ninguna enfermedad. Pero Bob duerme muy mal. No logra ponerse a estudiar. Las pocas veces que lo consigue, necesita poner en marcha todo un ritual antes de empezar. «Tengo que ordenar el cuarto, lavarme y recoger el escritorio –dice–. Si no, no puedo estudiar». Todo indica que Bob manifiesta un gran sufrimiento psíquico. Hablando de ello con el psicoanalista, se da cuenta poco a poco de que ya no quiere tener «éxito». Un tiempo después, comprende que, en su cabeza, tener éxito equivale a convertirse en alguien como su padre, que es muy frío y duro con él. Bob está aterrorizado ante la idea de parecerse a su padre, y hace todo lo que puede por fracasar, seguir siendo un niño, dejar de crecer para no convertirse en «adulto».

Este miedo a crecer es frecuente y puede manifestarse de distintas maneras. Por ejemplo, con la ropa, los juegos y la voz, que siguen siendo largo tiempo los de un niño. Una vez más, lo más sensato es dejarle el tiempo de crecer y de volverse autónomo, sin intentar empujarlo, mientras se lo va animando a que cada vez se emancipe un poco más.

¿Unos profesores demasiado severos?

Es importante darse cuenta de que una parte de la violencia que el niño sensible vive durante su escolarización procede de la propia institución, de sus abusos y disfunciones. Estos conciernen a cada escuela, su organización, sus opciones pedagógicas, las personas que trabajan en ellas y el conjunto del sistema escolar, los programas y el modo de selección. No olvidemos que detrás de cualquier proyecto educativo se encuentra una cierta concepción de la vida, del ser humano, del niño y de la sociedad. La Historia ha demostrado que estas concepciones varían de una época a otra, de un medio social a otro, pero también en función de las ideologías políticas y económicas dominantes. Hasta ahora, ningún programa escolar oficial ha tenido en cuenta la gran sensibilidad de algunos niños.

Marie-France de Palacio, Else Marie Bruhner y yo mismo, los miembros de la Asociación de Personas Hipersensibles que conozco, así como todos los individuos con alta sensibilidad con los que he hablado, coincidimos en nuestro deseo de que la *alta sensibilidad se explique de manera concreta a los profesores y educadores* de todas las instituciones escolares o educativas a cargo de niños.

La infravaloración

Un niño no desarrolla un rechazo a ir a clase sin una razón real. Al igual que en el resto de las áreas que exploramos, es fundamental que los adultos se tomen en serio sus emociones, crean en él y le tengan confianza de verdad.

Cuando un profesor, un auxiliar o un director son extremadamente exigentes, muy severos o incluso duros con el niño, es natural y legítimo que este se sienta incómodo en su presencia. De hecho, es de sobra sabido que la finalidad de tales comportamientos no es otra que impresionar a los alumnos, ejercer de algún modo la autoridad y obtener su obediencia.

Peor es el caso de los educadores que ejercen una forma de poder, dominación e incluso crueldad con los alumnos que revela y traduce, de forma más o menos marcada, la parte de sadismo que los habita.

Esta crueldad o este sadismo se traduce en vejaciones, calificaciones que desvalorizan, palabras degradantes, preguntas desagradables, interrogatorios incómodos, burlas delante de la clase, etcétera. La autoestima de los niños que sufren este tipo de ataques se marchita, tienen la moral por los suelos, su motivación se desvanece y, muy a menudo, sus notas caen en picado.

En cuanto tomen conciencia de este fenómeno, los padres deben intervenir sin demora y solicitar una reunión con el profesor. Si esto no bastara para solucionar el problema, pueden acudir al responsable del centro. Algunos adultos necesitan que una instancia externa les ponga límites para frenar su violencia.

Cabeza de turco

Desgraciadamente, puede ocurrir que un educador (un maestro o un auxiliar) la tenga tomada con un niño sensible. Este alumno se convierte en su cabeza de turco, en su chivo expiatorio, y el adulto focaliza sus reproches, sus reprimendas, sus críticas e incluso su venganza en ese «crío» que no tiene culpa de nada en realidad. La sensibilidad a flor de piel del niño puede molestarle, por ejemplo porque despierte su propia sensibilidad perdida o determinados malos recuerdos de su propia infancia. Lo que hace el adulto es transponer, desplazar sobre otra persona sus propias dificultades no conscientes y no resueltas. Incluso puede que esté reproduciendo de manera inconsciente una antigua historia que lo marcara cuando era niño o más joven que ahora y que se repite obcecadamente. Sea como sea, el niño sufre mucho por ello y la situación es injusta.

> Elvira todavía lo recuerda. Cuando era pequeña y acudía a primero de primaria en un colegio de su pequeña ciudad de Saboya, la profesora la tomaba sistemáticamente con ella, que era extremadamente sensible. A menudo, ella era la única a la que regañaba. Era capaz de acusarla equivocadamente y castigarla con dureza sin razón, por ejemplo encerrándola a oscuras en el armario de la clase...

Los niños sensibles que sufren estas injusticias en muy pocas ocasiones se rebelan. Por un lado, debido a la incomprensión (nada explica tales comportamientos) y, por otro, por empatía (el adulto debe de ser muy desgraciado para llegar a eso). Pocos niños hablan del tema con sus padres, de tanta vergüenza como sienten. La mayoría experimenta un misterioso sentimiento de culpa frente al adulto que los maltrata, muy probablemente porque el fenómeno conocido como *identificación con el agresor* es todavía más fuerte en el niño ultrasensible, que es muy empático. Esto hace que se crea culpable de lo que le ha ocurrido o responsable de no haber podido impedir el desastre.

El castigo

Algunos profesores abusan de las sanciones y los castigos. A veces incluso recurren a castigos ilegales. Los niños testigos de la violencia de un profesor hacia uno de sus compañeros quedan marcados profunda y duraderamente por lo que han visto y oído.

> Cuando llega a consulta por primera vez, Henri lleva varios años tartamudeando. Durante su psicoanálisis, recupera poco a poco el recuerdo de algunos momentos difíciles de su vida. Un día, explica cómo, estando en clase, el profesor llevó de repente a un alumno aparte, lo agarró por el brazo, lo puso de pie sobre una mesa, le bajó el pantalón y le pegó un violento azote delante de todos los niños, que se quedaron sorprendidos y atónitos. Tras aquel acontecimiento, Henri, aturdido, desarrolló un rechazo por el colegio. Cuando el terror lo atenazaba, se bloqueaba, no sabía qué pensar, qué decir ni qué hacer. Después de hablar de aquel recuerdo oculto en su memoria, Henri tartamudea cada vez menos. Una vez recuperada la confianza en sí mismo, el tartamudeo desaparece por completo.

Por numerosas razones que llevaría mucho tiempo explicar aquí, la práctica del psicoanálisis con los niños (y los adultos que un día también lo fueron) nos permite afirmar que *los castigos físicos, a veces llamados «castigos corporales», deben prohibirse* * *totalmente, pues tienen un efecto devastador para la vida psíquica.* Es necesario aprender a

---

* Por ejemplo, entre otras cosas, no olvidemos que el azote reviste una dimensión erótica. Induce una fuerte excitación, además de la violencia y de la vergüenza que genera en el niño que lo sufre, así como en los niños que son testigos de la escena a su pesar.

educar a los niños sin recurrir a ellos, algo que es totalmente posible y beneficioso para el niño, para el adulto y para la calidad de su relación.

Evidentemente, hay muchísimos educadores (animadores, profesores, auxiliares) respetuosos con los niños, competentes y humanos, apasionados de su profesión. Aquí me he referido únicamente a aquellos adultos que encuentran dificultades en el ejercicio de su profesión y, por lo tanto, en la relación con los niños. Estos adultos deberían seguir una terapia personal para librarse de sus fantasmas o de sus traumas.

La violencia en el colegio

Por último, cuando ir al colegio se hace difícil, puede que se deba a la violencia infantil.

El desarrollo del acoso

La violencia entre los niños se manifiesta también mediante distintas formas de acoso: amenazas repetidas, injurias recurrentes o brutalidades sistemáticas, zancadillas, bocados, puñetazos, degradación del material escolar, etcétera. El acoso se da también en Internet y se despliega en las redes sociales.

En la escuela, en los clubes deportivos o en el transporte, el acoso se corresponde con una violencia repetida que puede ser verbal, física o psicológica. Por lo general, la ejerce un grupo, formado por un líder y unos cómplices. Lo más frecuente es que las agresiones ocurran en lugares poco vigilados: recreos, baños, vestuarios o autobús escolar. Los agresores pretenden demostrar su poder aplastando a una víctima, y esta es elegida en función de su sensibilidad, su amabilidad y otros criterios que puedan añadirse, como culturales, étnicos o religiosos.

El sadismo también puede darse en los niños. Aterrorizar es una de las estrategias que utilizan los acosadores. Pretenden tanto intimidar como desestabilizar y hacer sufrir a sus víctimas. Un niño acosado presenta numerosos problemas más o menos visibles. Duerme mal, pierde el apetito, se encierra en sí mismo, le duele la barriga o la cabeza, no quiere ir al colegio, trae la ropa rota, el material del colegio se deteriora, se enfada sin razón aparente, sus notas suelen caer en picado, pierde las ganas de estudiar, etcétera.

Cuando se dan cuenta, los padres previenen al tutor y al director del centro. Si, a pesar de ello, el acoso continúa, pueden presentar una denuncia. Sin estas acciones concretas que pongan fin al acoso, el niño puede sentirse desprotegido e impotente ante la injusticia de la situación.

La impotencia frente al chantaje

A la salida del colegio o del instituto, de camino a casa, algunos niños se topan con bandas organizadas de jóvenes que los amenazan o los violentan para robarles la chaqueta, los zapatos, el móvil, la mochila o el dinero. Estos robos pueden ir acompañados de intimidación y amenazas de represalias si el niño lo cuenta. El chantaje es una extorsión con violencia, se trata de un delito penal. Aquí también, para proteger a su hijo y a otras víctimas potenciales, es importante que los padres lo denuncien en la comisaría más cercana y no banalicen la situación.

El niño en estado de *shock* se queda, por lo general, paralizado por el miedo. Se asombra y asusta tanto que no consigue defenderse y teme no saber hacerlo si lo agreden de nuevo. Vive con la angustia de volver a encontrarse con sus agresores. Lo mejor, en este caso, es acompañarlo al colegio e ir a buscarlo a la puerta del centro durante varias semanas, hasta que recupere la confianza en sí mismo. Luego, sería sensato organizar los trayectos con otros compañeros o niños mayores para que no vuelva a encontrarse solo durante sus desplazamientos. Por último, mejor evitar que vaya al colegio con demasiado dinero encima o que lleve ropa de marca.

Es igualmente necesario prevenir a la dirección del centro, que normalmente suele informar al conjunto de padres de alumnos para evitar otros incidentes. Más ampliamente, este fenómeno nos hace cuestionarnos sobre el auge del individualismo y, por tanto, del aislamiento de los niños, cuando una sociedad más humana podría favorecer mejor la solidaridad y el compartir, incluyendo un acompañamiento de los niños por turnos divididos entre las distintas familias que coincidieran en el trayecto de la casa a la escuela y de la escuela a casa. La presencia de un adulto o un adolescente de confianza es lo que más tranquilidad da a los niños. Para que nuestros hijos estén bien y protegidos necesitamos dedicar tiempo a estar junto a ellos.

¿Qué hacer contra la violencia?

Además de denunciar a los agresores e informar a la dirección del centro así como a la asociación de padres de alumnos, es recomendable enseñar a los niños a defenderse. Esto empieza por saber decir que «no», un verdadero «no» que signifique: «¡Cuando es que no, es que no!». Hay que explicarles también que sus agresores intentarán impresionarlos e intimidarlos de todas las formas posibles, y así los niños más sensibles estarán preparados para este tipo de manipulaciones y podrán poner distancia mucho más rápidamente. Se les puede igualmente ayudar a que desarrollen su sentido de la réplica mordaz y desestabilizar así a los que los violenten. Los insultos y las groserías no sirven de nada, las amenazas tampoco: una palabra clara, firme y vigorosa es mucho más eficaz.

En el caso de los niños que tienen dificultad para expresar lo que están viviendo, lo mejor es hablarles sencillamente y hacerles preguntas igual de sencillas.

DE 0 A 6 AÑOS

DE 6 A 10 AÑOS

DE 10 A 15 AÑOS

Esto les ayuda a expresar lo que les haya ocurrido a ellos al igual que los casos de violencia cometida contra otros niños a los que hayan visto o estén viendo sufrir. Si el niño no consigue hablar con los adultos de su entorno, es recomendable animarlo a confiarse a un profesional, empezando por el psicólogo del colegio o del instituto y luego, si es necesario, por un psicólogo externo. Lo importante es que no enfrente él solo sus problemas.

Por supuesto, tal y como ya he señalado, los niños hipersensibles que lo deseen pueden practicar artes marciales o deportes de combate de manera regular. Los hay de muchos tipos, lo cual permite encontrar el arte marcial que mejor corresponda a la sensibilidad de cada uno. Este tipo de práctica los ayuda a sentirse más fuertes y capaces de defenderse, de mantener la sangre fría. Sea como sea, la práctica regular de un deporte, salir a caminar por la naturaleza o de ruta por la montaña y las actividades artísticas del tipo de la danza, el canto o el teatro hacen que los jóvenes se sientan mejor con su cuerpo y se afirmen con mayor facilidad.

Actividad Freinet: la «escritura libre»

En la pedagogía desarrollada por el matrimonio Élise y Célestin Freinet, la libertad de expresión ocupa un lugar de primera importancia; en concreto, por medio de la «escritura libre». Se invita al niño a que escriba, como él quiera, aquello que siente, sueña, desea, imagina o ha vivido. Al niño muy sensible le sentará bien poner por escrito los momentos felices o difíciles de la semana. Si no lo hace ya en el colegio, sus padres pueden animarlo de manera regular a que escriba sus experiencias de la vida.

▶ El hogar como refugio

Los niños muy sensibles realmente necesitan un refugio para poder replegarse y descansar, es decir, un lugar seguro en el que sentirse al abrigo, tranquilo, respetado, protegido, en paz. A menudo, el hogar es ese lugar, la habitación del niño en particular. Si no fuera el hogar, la escuela puede convertirse en ese refugio cuando el niño consigue establecer un vínculo fuerte con un profesor. Digamos que lo ideal es que la casa constituya ese remanso protector, esa base de confianza, gracias a la benevolencia de los padres, a su escucha, a su atención y, también, a la tranquilidad que allí reina, al menos por la noche, unas horas antes de acostarse.

Por ejemplo, para crear las condiciones más favorables posibles para el desarrollo humano de su hijo, los padres pueden intentar bajar el ritmo, tomarse el tiempo de contar su día con sencillez, estar disponibles para escucharlo más y permanecer, por tanto, más atentos para, cuando lo crean necesario, ayudarlo a expresar lo que siente.

El «buentrato» o *educación positiva* es la piedra angular de una buena relación con el niño. Permite que la confianza crezca, tanto en uno mismo como en el otro, así como que aumente, por tanto, el valor que el niño se otorga a sí mismo (la autoestima) y, sobre todo, acabar con el perfeccionismo. Esta pedagogía que humaniza permite cultivar la curiosidad del niño y desarrollar su creatividad, así como una buena disposición para la gratitud y la solidaridad y una fuerte aptitud para la felicidad. Todo esto pasa, ante todo, por saber dejar en sus manos su parte de descubrimiento personal, ese «yo descubro por mí mismo» que será el fundamento de su inteligencia para toda su vida y lo ayudará a salir de todo tipo de situaciones, incluso las más inesperadas.

Ser hipersensible es cansado. El niño necesita más descanso que los demás y un tiempo solo cada día para dormir la siesta, caminar por la naturaleza, escuchar música tranquila, fantasear, meditar o hacer yoga. Desahogarse por medio del deporte también resulta muy beneficioso. Monopatín, patines, artes marciales, escalada, esquí... son actividades favorables para el desarrollo de su equilibrio. A Bastien le encanta el surf y los malabares. «Me gusta sentir el movimiento preciso. Tengo tendencia a dispersarme, y estas actividades me permiten canalizar la energía y volver a encontrar un buen equilibrio».[*]

Truco: crear un rincón refugio

Puedes crear un rincón refugio con tu hijo en un lugar de su habitación: un tipi, una cabaña, una alfombra con cojines blanditos y peluches, una alfombra con una manta suave, etcétera. Cada vez que se sienta frágil, saturado o cansado, podrá ir allí a acurrucarse sin que nadie lo moleste.

Acoger la sensibilidad del niño

Si en una familia cada uno habla libremente de sus sensaciones y emociones, todo el mundo se beneficia de esta libertad de expresión y la comunicación se vuelve cada vez más fluida, rica y precisa al mismo tiempo.

---

[*] Extracto de un artículo de Isabelle Gonse, en *L'Étudiant*, octubre de 2017.

Los padres pueden servirse de todo tipo de medios con los que apaciguar la fuerte sensibilidad de su hijo. Aun cuando la emoción del niño les parezca fantasiosa, descabellada o incluso un poco loca, lo importante es que sean capaces de escuchar a su hijo, considerar lo que les diga y tenerlo en cuenta para tranquilizarlo.

En cualquier situación, siempre será positivo que los adultos le dediquen tiempo para que pueda expresar su sensibilidad. Estos momentos sinceros de comunicación son una verdadera posibilidad de regulación para el niño.

En efecto, algunas emociones o interrogantes se deben a malentendidos no aclarados o a ideas falsas que pueda haberse hecho el niño. Por ejemplo, el pequeño que cree que uno de sus padres está enfadado con él cuando lo que ocurre es que el adulto está cansado o absorto en sus propias preocupaciones. Del mismo modo, los niños tienen tendencia a quedarse con los reproches puntuales de los adultos como si expresaran una verdad absoluta y los definieran como personas. Esto puede originar que se vean a sí mismos como malos niños, incapaces o portadores de un defecto. Una conversación sincera con los padres permite que estos expresen con claridad toda la consideración o la admiración que sienten por el niño, nombrando explícitamente sus cualidades.

Teniendo en cuenta los sentimientos del niño, los adultos validan sus percepciones y los reconfortan en su capacidad para pensar la realidad y desenvolverse en un mundo complejo. Además, al crecer, el niño sabrá nombrar cada vez mejor lo que siente, tenerlo en cuenta y encontrar en sí mismo los recursos personales que le permitirán manejarlo.

Mientras se vuelve lo suficientemente autónomo, existen algunas actividades lúdicas y creativas que pueden ayudar a cada niño a desarrollar sus recursos interiores.

Los juegos y las historias

El juego es la actividad principal de todo niño. Estaría bien que siguiera siendo, de una forma u otra, la actividad principal de cualquier adulto. Estaríamos mucho mejor de salud y seríamos más creativos y, sobre todo, más felices. No olvidemos que los artistas y los inventores son personas que, afortunadamente, han conservado la capacidad de juego, imprescindible para crear.

Si quieres que tu hijo disfrute de buena salud, esté equilibrado, sea sociable y le guste leer y estudiar, ¡déjalo que juegue libremente y estimula sus juegos! Cuando el niño exprese un miedo, puedes jugar con él describiendo o imitando, amablemente y sin burla, la causa del miedo o inventando una solución favorable para la situación que le preocupa.

El pequeño Hugo acaba de cumplir tres años. Sabe que justo después de las vacaciones de verano empezará la escuela infantil. El final de las vacaciones se acerca y está muy preo-cupado. Se despierta llorando cada noche y corre a refugiar-se a la cama de sus padres. Como ya no saben qué hacer para ayudar a su hijo, los padres piden hora para una consulta de una única sesión. Las noches siguientes, por turnos, para que el otro pueda dormir, cada padre dedica un tiempo al niño. «Hugo, ya sabes que no puedes dormir en nuestra cama, esta es la cama de papá y mamá, tú tienes la tuya». Lo lle-va al salón y juegan un poco juntos, le cuenta una historia o cantan una canción que le guste al niño y luego lo acuesta de nuevo en su cama, después de unas caricias. Durante el día, los padres le cuentan una historia con el peluche de Hugo, un pequeño canguro muy suave, representándola. «Cangu-rito se despierta por la noche, le da miedo ir al colegio. Ay, ay, ay... "¿De verdad tienes miedo? ¿Mucho miedo?". "Oh, no, no tengo miedo –responde Cangurito–, tengo muchas ganas de ir al colegio, ¡tantas ganas que por eso no consigo dormir!"». Hugo se ríe mucho cada vez... y pronto deja de despertarse por la noche.

En otras situaciones, con o sin peluche, una senci-lla historia libera al niño de su miedo.

Manon tiene cuatro años. Su madre está embarazada de unos meses. Manon observa la barriga de su madre crecer cada vez más. Su madre se interesa menos por ella, habla todo el tiempo del bebé, le compra mucha ropita. Manon está preocupada. Come menos y vuelve a hacerse pipí en la cama o encima. Un día, mientras pasea con su padre para ir a jugar a un parque, el papá le cuenta un cuento: «¡Ay, ese bebé, solo hablamos de él, solo él existe! ¿Qué te parecería si lo atáramos a un gran globo con un hilo? Se iría volando por el cielo, muy alto, ¡tan alto que nunca lo veríamos!». Esto divierte mucho a Manon. La pequeña deja de hacerse pipí encima. Cuando su padre la siente un poco preocupada, le cuenta la misma historia. Manon se ríe y sus preocupaciones salen volando con el globo.

Jugar, imaginar, reírse de algo con delicadeza o inventar una historia divertida: las emociones de los niños no se resisten a la atención benevolente de un adulto que los reciba sin juzgarlos y encuentre una manera creativa de volverlas inofensivas.

• • • • • • • • • • • • • • • • • • • •

 La película *Mi vecino totoro*

En esta película de animación para niños a partir de tres años, dos niñas pequeñas, Satsuki, de diez años, y Mei, de cuatro, acaban de mudarse con su padre a una gran casa de campo. Jugando en el jardín y en el bosque, descubren la existencia de criaturas maravillosas, muy buenas y discretas, los *totoros*. El *totoro* más grande es un ser tierno y divertido, un espíritu del bosque. Se alimenta de bellotas y de nueces. Duerme durante el día y, por la noche, juega con otras criaturas mágicas. Puede volar y se convierte en el mejor amigo de las niñas. Esta película ayuda a los niños a familiarizarse con lo desconocido.

● ● ● ● ● ● ● ● ● ● ● ● ● ● ● ● ● ●

Los dibujos, las pinturas, la plastilina

Independientemente de la edad del niño, cuando sienta miedo o haya tenido una pesadilla, puede dibujar lo que le asusta. Normalmente se sentirá mejor después de haberlo hecho, todavía más si puede hablar libremente con un adulto de su dibujo y contarle la escena dibujada. Algunos niños prefieren pintar, incluso directamente con los dedos; a otros les gusta modelar con plastilina o arcilla.

Sobre todo, deja hacer al niño, prevé sencillamente un lugar propicio, la cocina, por ejemplo, que permita limpiar fácilmente la mesa después del momento de creatividad y expresión. Aquellos padres que quieran proteger la ropa del niño pueden optar por un gran delantal. El contacto directo de los dedos con la pintura, el agua o la tierra es en sí mismo relajante. Por eso a tantos niños les gusta chapotear, jugar con el agua, la tierra y las plantas o el huerto, incluso en un balcón o en un rincón de la cocina.

La mayoría de los niños dibuja o esculpe por el placer de expresarse, de jugar con los colores y las formas. Si un niño se muestra especialmente feliz con estas actividades y así lo desea, será beneficioso para él poder formarse en esa área. No olvidemos que cada niño posee un gran deseo de realizarse, en función de sus gustos personales y de su sensibilidad particular. Si puede consagrar tiempo a una actividad que le gusta, será todavía más capaz de expresar sus emociones y acogerlas para canalizarlas.

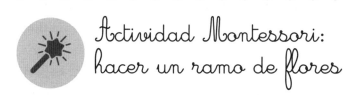

Actividad Montessori: hacer un ramo de flores

El adulto prepara una bandeja con un jarrón, una jarrita, unas tijeras, un cuenco y flores compradas en la floristería o recogidas durante un paseo por el campo o en el jardín. El niño es quien ha elegido las flores de acuerdo con el adulto. Este último deposita la bandeja sobre una mesa. El niño llena la jarrita de agua y echa el agua en el jarrón. El adulto le muestra cómo hay que hacer con una primera flor y después el niño sigue con el resto: toma cada flor y corta la parte baja del tallo; a continuación deposita los trozos cortados en el cuenco y las flores en el jarrón, colocándolas como prefiera.

Durante la semana, puede cambiar el agua del jarrón y reorganizar el ramo.

● ● ● ● ● ● ● ● ● ● ● ● ● ● ● ● ●

El silencio y el descanso frente a la saturación

Encontrar un momento al día para uno solo, o más de uno en ocasiones, es vital para los niños altamente sensibles, que suelen tener una inmensa necesidad de soledad y tranquilidad para poder «descargarse» o «tomar aliento».

Los niños ultrasensibles perciben más y con mayor intensidad que los demás, a través de sus cinco sentidos corporales y de su sexto sentido, la intuición. Alegría, tristeza, vergüenza, enfado, rechazo, amor... Experimentan y expresan sus emociones de forma exacerbada, son verdaderas «esponjas», se interrogan sobre todo, también sobre ellos mismos, lo cual puede ser agotador.

«Necesito momentos para mí. Necesito soledad y un espacio solo para mí», afirma Marie.

«Una puesta de sol, una película, conocer a una persona que se entrega con pasión a lo que hace... Todas estas cosas pueden hacerme llorar de la emoción, sin estar triste. Para no dejarme absorber por los demás, cada día necesito un momento de soledad», cuenta Bastien.

Si ese tiempo de descanso no se respeta lo suficiente, la saturación se manifiesta de distintas formas: sobreexcitación, agotamiento, malhumor, hastío, lasitud, sensación de hinchazón, náuseas morales o físicas, «hartazgo».

Esta saturación aparece por la conjunción de dos factores muy conocidos por los hipersensibles: la «sobrestimulación» y la acumulación. Demasiados estímulos y demasiados incentivos o exhortaciones provocan una excitación que puede sobrepasar las posibilidades del niño para regularla y, por tanto, vivirla agradablemente. Cuando eso sucede, la excitación deja paso al estrés, y este se acumula inexorablemente, al estar desbordadas las capacidades de regulación. Tras las primeras señales de impaciencia, que expresan una necesidad de descanso que no está siendo respetada, viene la irritabilidad característica de un estado de saturación avanzado y luego la crisis de lágrimas (más a menudo en el caso de las niñas) y la cólera (más común entre los chicos). Como a los niños varones se les suele enseñar a no llorar o a no mostrar sus emociones, se reprimen mientras pueden hasta que de repente explotan, se vuelven agresivos o se enfadan.

Los «recreos» o los momentos de descanso, que pueden ser minipausas, son necesarios para favorecer la regulación emocional.

Es preferible que el niño aprenda a vivir sus emociones, pues no se pueden «administrar». Lo que hemos

DE 0 A 6 AÑOS

DE 6 A 10 AÑOS

DE 10 A 15 AÑOS

descubierto a través de la experiencia desde hace más de un siglo se confirma hoy con las investigaciones en el campo de la neurobiología. Las palabras y la racionalización no pueden hacer nada por apaciguar o superar una emoción. Todo ocurre en otro plano, corporal y sensible, y por tanto no racional (no son las mismas zonas del cerebro las implicadas).

Las prácticas que de verdad ayudan son la relajación, la meditación, el yoga, el *qi gong*, las artes marciales, los masajes, la osteopatía, etcétera. Lo que más necesita el niño sensible es presencia humana y contacto. Necesita que lo escuchen, lo reconforten, lo mimen, lo arropen, lo tomen en brazos... Las emociones son información importante sobre lo que estamos viviendo en el momento presente. Mejor, pues, enseñar a los niños a acogerlas, observarlas y aceptarlas. Así, serán capaces de enriquecer considerablemente su vida interior y la nuestra.

Desarrollar el sentido del equilibrio

Durante los diez años que llevo investigando sobre la alta sensibilidad, he descubierto hasta qué punto las actividades físicas que ayudan a desarrollar el equilibrio son muy beneficiosas para los niños ultrasensibles. La investigación y los estudios que he llevado a cabo confirman que los deportes que favorecen el equilibrio ayudan a vivir mejor a los niños más sensibles: natación, pilates, yoga, taichí, judo, aikido, baile libre, montar en monopatín, patinaje, surf, esquí, escalada, etcétera.

Más sencillo todavía, los ejercicios de equilibrio sobre la punta de los pies o alternando los pies por turnos (ver el juego 7, en la página 181) les gustan mucho a los pequeños y a los más grandes.

He aquí el testimonio de Kevin al respecto:

Se me da bien mantenerme a la pata coja, me divierto, hago figuras con las piernas y me hace reír. Levanto los brazos para encontrar el equilibrio y a veces tengo la impresión de volar... Me encanta. Me siento bien. ¡Soy como un equilibrista sobre la cuerda floja!

Un osteópata me ha confiado que «la práctica del equilibrio permite conectar el cerebro a los sensores del cuerpo», algo que explica su interés y el bienestar que produce. De una forma más precisa todavía, las zonas cerebrales estimuladas y reforzadas por las actividades físicas que desarrollan el equilibrio son al mismo tiempo el cerebelo, ordenador central del cerebro, que interviene en la coordinación, y la famosa ínsula, centro de la conciencia de uno mismo, de la que ya hablé en el capítulo uno, por lo importante que es para las personas hipersensibles.

Los ejercicios de equilibrio ayudan a los niños muy sensibles a reponer energías. Permiten que descansen, se reencuentren con ellos mismos, se relajen y, al mismo tiempo, se centren de nuevo y pongan orden, pues tienen tendencia a dispersarse. Los niños que los practican con regularidad duermen mejor, durante más tiempo y más profundamente. Los testimonios que he ido recogiendo indican que el entrenamiento del equilibrio tiene efectos superiores a los de la meditación y provoca más rápidamente una relajación corporal, una relajación de las tensiones, una amplificación natural de la respiración y una calma mental gracias a un regreso a las sensaciones, *sin necesidad de pensar en ello*, porque todo ocurre por el libre juego del cuerpo en el espacio.

Estas actividades de equilibrio permiten que el niño desarrolle la confianza en sí mismo de manera global y concreta gracias a la sensación de existir a partir de su cuerpo y a una conciencia de sí mismo real, no mental. Proporcionan una impresión muy agradable de ligereza, incluso de euforia. Algunos niños afirman tener la sensación de volar, de flotar en el aire o reencontrar la sensación tranquilizadora de sentirse sostenidos, como cuando eran bebés, llevados por sus padres, o como cuando están en el agua. Se sienten más abiertos, más libres y más seguros. Los padres constatan también que desarrolla la flexibilidad, la destreza y la agilidad de sus hijos y que sus movimientos se vuelven más fluidos. Algunos incluso han notado que su hijo se volvía progresivamente menos nervioso, menos «a flor de piel», menos irritable o susceptible...

Juego 7: desarrollar el equilibrio

He aquí algunos ejercicios prácticos para desarrollar el equilibrio que pueden realizarse en casa.

En el caso de los más pequeños, los ejercicios deben hacerse con un adulto, en un lugar sin muebles angulosos y de manera progresiva. Para empezar, animaremos al niño a ponerse de puntillas y aguantar todo lo que pueda. Una vez adquiera seguridad en esta primera etapa, lo alentaremos a mantenerse sobre una sola pierna y luego sobre la otra. Por último, cuando se sienta seguro con este equilibrio, puede hacer los mismos ejercicios con un ojo cerrado y luego los dos.

A los más mayores, primero con nosotros y luego ya solos, cuando estén a gusto, les encantará jugar con una tabla de equilibrio, primero con ambos pies, luego alternando el derecho y el izquierdo. Cuando lo controlen de verdad, pueden poner música que les guste y bailar tranquilamente sobre la tabla.

5

De los 10 a los 15 años: hacia la adolescencia, una sensibilidad a flor de piel

«La infancia tiene maneras de ver, pensar y sentir que le son propias; no hay mayor disparate que intentar cambiarlas por las nuestras».

Jean-Jacques Rousseau, *Emilio*

Todo niño pasa por un periodo de conquista de su independencia. Por supuesto, se trata de una independencia relativa, porque, mientras es menor, el niño sigue dependiendo de los adultos, que son responsables de él y están encargados de su educación. No obstante, entre los diez y los quince años, es cada vez más capaz de arreglárselas solo en muchas situaciones. Su pensamiento personal, como individuo singular, continúa desarrollándose. La entrada en el instituto es una etapa importante en esta conquista de una mayor autonomía.

❱ Un gran deseo de autenticidad

Difícil diferencia

Ya he señalado cómo el desprecio y las burlas pueden provocar la marginación de ciertos individuos bajo el pretexto de diferencias culturales, religiosas o sociales, o incluso por cuestiones de talla (demasiado bajito), de peso (demasiado gordo o delgado), de género (niña o niño) o alguna particularidad (discapacidad, acné, aparato dental, cabello graso, estrabismo...). *Aunque algunas formas de rechazo son más discretas, son muchos los niños hipersensibles que se ven marginados por su gran sensibilidad.*

A causa de su temperamento o de su educación, algunos niños muy sensibles tienen tendencia a ser muy buenos, incluso demasiado buenos. Extremadamente mesurados o reprimidos, ponen por delante del juego sus deberes escolares, hablan con mucha propiedad, no utilizan palabrotas, etcétera. Estos niños aparentemente más delicados o serios que los demás, pueden verse rechazados por tener preocupaciones distintas de las de sus compañeros. Sufren mucho por ello, y su aislamiento no los ayuda a liberarse del peso de su educación ni a descubrir otras facetas de su personalidad. El fenómeno corre, pues, el riesgo de acentuarse y aumentar el malestar del niño y su aprensión ante los demás.

En cualquier caso, los orígenes del rechazo al niño sensible son mucho más profundos y amplios. Mientras que en el siglo XVIII la sensibilidad se encontraba sobre un pedestal y el individuo, hombre o mujer, expresaba todas sus emociones independientemente de las circunstancias, a partir de la industrialización del siglo XIX, «valores» como la dureza, la frialdad, la severidad, la sequedad y la ambición tomaron la delantera.*

«La sociedad occidental, obnubilada por el conformismo, la caza de buenas notas y las carreras predeterminadas, no puede concebir –y todavía menos respetar– la idea de que algunos individuos sean más sensibles que otros. En realidad, son sobre todo más receptivos, más vigilantes y más atentos a todo lo que los rodea», lamenta Else Marie Bruhner.**

La cultura machista del rendimiento ha modelado unos prejuicios tan anclados en la población que se ha vuelto casi automático catalogar a alguien de «frágil» si se preocupa o se emociona fácilmente, de «tímido» si esperar antes de tomar la palabra, de «depresivo» si llora a menudo, e incluso de «hiperactivo» ¡si es especialmente dinámico! Los niños altamente sensibles, sobre todo los varones, a menudo aprenden a esconder esa singularidad para tratar de vivir como la mayoría de la población que no lo es. Y ese es el centro del problema en el instituto, etapa durante la cual los niños desean ser reconocidos por sus compañeros, ser como ellos, hacer lo que ellos, participar en sus actividades, adoptar sus

---

* Hoy podríamos añadir a esta lista la tecnicidad, la rentabilidad y el cinismo.
** Else Marie Bruhner, «Êtes-vous hipersensible?», *Migros Magazine*, 17 de septiembre de 2017.

códigos de vestimenta y su modo de hablar, etcétera. A esta edad, el rechazo hacia los niños sensibles, sobre todo en el caso de los varones, es particularmente cruel y, por tanto, doloroso.

Sin embargo, esconder su sensibilidad, endurecerse y «convertirse en otra persona» no es la solución.

«Puede ser muy peligroso para una persona hipersensible, al igual que para cualquiera, de hecho, no respetar su naturaleza profunda. A los niños hipersensibles sobreestimulados se les diagnostica enseguida hiperactividad cuando bastaba con ofrecerles pequeños momentos regulares de calma para que todo volviera a la normalidad».*

Algunos rechazos son también la consecuencia directa de las controversias o creencias de los adultos, que los niños reproducen o se contagian entre ellos. A menudo se deben a prejuicios sobre la sensibilidad, lo femenino y lo masculino o los gustos y los estilos de vida. Aparte de la confusión tenaz entre «sensibilidad» y «debilidad», que puede ser de una gran violencia, una de las peores formas de rechazo es la de tratar de «mariquitas» u otros términos despectivos a los niños varones que expresan una sensibilidad distinta a la del machismo imperante.

Los niños (incluso los que solo son testigos) sufren con este tipo de oprobio. Estas formas de segregación impiden que ciertas relaciones incipientes se

---

* Íbid.

desarrollen o ponen fin a otras que ya se habían tejido y desplegado. Los jóvenes pueden verse en la tesitura de correr el riesgo de decepcionar a sus padres, disgustarlos o incluso desobedecerlos y ante el temor de perder amigos o compañeros que le importan.

No olvidemos que los niños son especialmente receptivos física y emocionalmente a todo lo que ocurre a su alrededor, así como a lo que se dice de ellos. Poco reconocidos y valorados hasta ahora, los niños ultrasensibles pueden quedarse al margen y sufrir durante largos años si no se los apoya lo suficiente desde la familia.

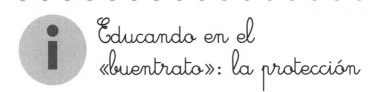

Educando en el «buentrato»: la protección

El niño muy sensible necesita sentirse reconocido y respetado. El psiquiatra estadounidense Bessel van der Kolk recomienda a los padres y a los educadores y profesores que le proporcionen ante todo un entorno de confianza, es decir, acogedor, tranquilo, coherente, previsible y tranquilizador. «Ser capaz de sentirse seguro en compañía de otras personas es la primera definición de la salud mental: las relaciones protectoras son esenciales para vivir una vida profunda y gratificante. Lo más difícil, en una clase, es favorecer la reciprocidad: la escucha mutua, la mirada recíproca. [...]

Ponemos mucho cuidado en que los profesores saluden a los alumnos por su nombre cada mañana mirándolos a los ojos. Empezamos la jornada diaria recibiendo a los niños y tomándonos el tiempo de escuchar las reflexiones de cada uno».[*]

● ● ● ● ● ● ● ● ● ● ● ● ● ● ● ● ● ● ● ●

En discordancia

La alta sensibilidad parece aumentar el nivel de exigencia relacional. Por ejemplo, en los niños muy sensibles, un gran deseo de autenticidad se traduce en un rechazo de la hipocresía y las convenciones sociales. Esta exigencia conlleva una forma distinta de comunicar y, a veces, una discordancia con los demás que puede llegar hasta un rechazo del mundo tal cual es, así como de las obligaciones impuestas por la sociedad. Ocurre a veces que este rechazo se refuerza durante la adolescencia y se expresa en forma de rebeldía.

> «Me siento en una onda muy distinta a la de los demás. A veces me desespero. Por ejemplo, me cuesta comprender a la gente que todo el tiempo está de broma. Para mí, todo tiene un sentido. Interpreto las palabras por lo que quieren decir de verdad. No consigo tomar distancia. Tengo miedo de utilizar el humor por temor a herir a otras personas», confía Lucie.

---

[*] Bessel van der Kolk, p. 382 (ver la página 68).

La exigencia permanente de autenticidad puede originar mucha seriedad y, al mismo tiempo, una gran inocencia. Son numerosos los jóvenes hipersensibles que constatan que aplican esta distancia y esta extrañeza en todas las áreas de su vida, salvo ante ciertos vínculos amistosos muy fuertes con personas que los conocen verdaderamente bien o que se les parecen.

> «La falta de conexión que siento con la mayoría de las personas es paradójica... Me gusta conocer gente nueva, charlar y reír con ellos, pero enseguida se instalan en mí la distancia y una sensación de perplejidad porque siento que todo es superficial. Entonces me cierro en mí misma. Me decepciono... Veo a muy poca gente en realidad. Es un poco incapacitante», reconoce Nola.

Muy a menudo, sentirse distinto de las personas de nuestro entorno o de nuestra generación corresponde a un conjunto más vasto de hábitos, comportamientos o actividades.

> «La desconexión con los demás afecta a todos los aspectos de mi vida. Me cuesta trabajar en grupo. Hago muchas actividades durante el día. Tengo también mi propia forma de vivir mis emociones, como llorar o reír sin contenerme», explica Rose.

DE 0 A 6 AÑOS

DE 6 A 10 AÑOS

DE 10 A 15 AÑOS

Por último, sucede que algunos niños se sienten en discordancia respecto a sus propias expectativas, deseos o la idea que se hacen de ellos mismos, en concreto de sus posibilidades.

«Me enfado cuando las cosas son demasiado distintas de lo que yo quería. No lo hago a propósito. No consigo entrar en razón. A la larga, esto me agota, pierdo la energía sin cesar», lamenta Rania.

Encontramos aquí la saturación física y emocional que caracteriza a las personas muy sensibles, niños incluidos, y que hace que se cansen rápidamente. Se debe sobre todo a su gran receptividad, que puede provocarles la impresión de ser muy «permeables» o «como esponjas».

Nada de lo que un niño altamente sensible ve, oye, prueba, toca o huele le deja indiferente. Acompaña cada percepción de una reflexión profunda. Verse afectado por todo lo que ve o descubre y tomarse el tiempo de pensar en ello con atención es característico de su forma de estar en el mundo.

La generosidad, una tendencia natural del niño

Estudios recientes han demostrado que los niños son generosos por naturaleza y que la bondad es una tendencia natural del ser humano.* A los niños les gusta ayudar a las personas mayores, a sus padres, a una hermana mayor, a un hermano pequeño... Aprecian sentirse útiles. Son felices prestando ayuda. Incluso pueden ponerse tristes si no consiguen ayudar a alguien.

Todavía más que sus compañeros, el niño hipersensible se siente particularmente atraído por la naturaleza y la protección del medioambiente. Se preocupa por el futuro del clima, de los bosques, de los océanos, de la fauna y de la flora, así como por su futuro como ser humano.

A partir de una cierta edad, un niño que deja de ayudar o que se burla de los que sí lo hacen es porque ha sido influido por el discurso de un adulto o de personas cercanas a él que infravaloran la generosidad, la ayuda, la solidaridad, etcétera. Al igual que las burlas o la crueldad, el cinismo es un producto social, creado por las influencias relacionales. Esto demuestra cómo un niño puede descuidar su sensibilidad en provecho de una conformidad social individualista y materialista. Dejemos, pues, a nuestros niños el gusto por la generosidad, la ayuda, el servicio y, en el mismo sentido, sus preocupaciones por el planeta, su deseo de proteger la naturaleza y de preservar la vida.

---

* *Journal of Experimental Social Psychology*, mayo de 2015.

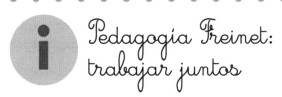

Pedagogía Freinet: trabajar juntos

El desarrollo del espíritu de equipo y, todavía más, el placer de cooperar ocupan un lugar central en la pedagogía de los esposos Freinet. Los niños preparan un proyecto, por ejemplo la elaboración de una pequeña revista desde el principio hasta el final. Eligen el título y los temas que quieren abordar, escriben pequeños artículos de manera individual o en grupos reducidos y luego pasan a máquina los textos, los ilustran con sus propios dibujos, imprimen las hojas, las reproducen y las cosen para elaborar su revista. Finalmente pueden distribuirla entre sus familiares, los comercios del barrio y los clientes que vayan a hacer la compra, etcétera. Esta actividad entusiasma a los jóvenes. Sienten que se les da responsabilidad y se los valora. A menudo se decantan por temas como la naturaleza, el medioambiente, los animales domésticos, la amistad, la relación amorosa... Si no tienen la posibilidad de realizar este tipo de proyecto en el colegio o en el instituto, puedes animarlos a que lo hagan con amigos.

▶ Convertirse en otra persona

DE 0 A 6 AÑOS

DE 6 A 10 AÑOS

DE 10 A 15 AÑOS

Los adultos solemos olvidarnos de que también hemos sido niños. El movimiento de la vida nos empuja hacia el futuro y nos olvidamos con facilidad de los momentos difíciles que hemos atravesado, sobre todo si no los marcó algún acontecimiento notorio o incidente espectacular. La entrada del niño en la etapa de la pubertad es ruda porque se corresponde con varias agitaciones psíquicas distintas: decir adiós a la infancia, alcanzar una nueva edad, convertirse en otra persona..., sin contar con que la visión de sí mismo y las expectativas de los adultos también cambian.

Dejar la infancia

La prueba más dolorosa a menudo tiene lugar al final de la infancia. Este pasaje progresivo es de una gran complejidad. Se trata de un periodo de varios años que se sitúan entre la infancia y la adolescencia, un tiempo en el que el niño se halla entre dos mundos, sintiendo que uno se aleja cada vez más mientras que el otro se acerca definitivamente, en una mezcla de nostalgia y excitación, de lamentos y expectativas. En estas condiciones, no es raro que manifieste un humor cambiante y desconcierte a su entorno. Todavía más si es ultrasensible... Por tanto, en lugar de decirle que está imposible, que es insoportable o que no se puede vivir con él, unas palabras de ánimo, un cumplido o una caricia en la cabeza servirán mejor para calmar su ebullición, inevitable y comprensible, frente al caos que atraviesa.

La saga Harry Potter

Ya se trate de los libros J. K. Rowling como de las películas basadas en ellos, la saga *Harry Potter* gusta a los niños no solo porque son imaginativos y aprecian los relatos fantásticos, sino también porque pueden seguir la evolución de los protagonistas, que crecen al ritmo de las temporadas y años escolares. Los niños son muy sensibles a la fuerza de las relaciones de amistad que unen a los héroes de la historia. La amistad les permite superar su timidez respetando su pudor, tomar poco a poco las distancias con los padres, hacer frente a la adversidad y manejar sus sentimientos amorosos. Confiarse al otro, hablar entre ellos de sus sentimientos, permite que se familiaricen con los importantes trastornos que caracterizan a este periodo de su vida.

Existen otros relatos que describen de manera justa la agitación interior del niño que está creciendo. Algunas novelas o películas son de una gran delicadeza en su aproximación matizada a las preguntas, los miedos y los descubrimientos de los niños que ahora son adolescentes.

Quizás las palabras *delicadeza* o *matiz* te sorprendan. Sin embargo, *cuanto más sensible es un niño, más necesidad tiene de que los adultos lo consideren y se dirijan a él con sensibilidad.* Más ampliamente, además, cada ser humano necesita mucho tacto para sentirse en confianza y expresar su vida interior, todavía con más razón en unas circunstancias en las que su existencia sufre sobresaltos, como es el caso de los niños cuando entran en la pubertad.

El comienzo de la pubertad, o el polvorín

La pubertad de muchas niñas y de no tantos niños puede presentarse de forma muy precoz. Pero la mayoría vive el comienzo de la pubertad entre los doce y los quince años, más a menudo hacia los doce años de edad. Los padres suelen reaccionar con torpeza cuando descubren o comprenden que su hijo se hace púber y no saben muy bien cómo dirigirse a él. No decir nada y acoger estos cambios serenamente, incluso con alegría, probablemente sea la mejor manera de ayudar al niño a vivir con sosiego y en confianza este paso fundamental de su existencia. También es perfectamente posible celebrar el ascenso del niño a la fecundidad: una fiesta familiar, una comida en un restaurante o una salida excepcional pueden marcar esta etapa y confirmar su importancia con sinceridad. En ciertas culturas, este momento se asocia, además, con importantes rituales milenarios.

Sin embargo, puede ocurrir que algunos adultos expresen palabras negativas, que infravaloren este cambio o lo trivialicen, ya sea porque insinúen que el niño queda, a partir de ese momento, mancillado, que ya no es «puro», ya sea porque supongan que el niño se vuelve de repente un personaje lascivo y obsesionado por la sexualidad. Estas palabras no tienen nada que ver con lo que en realidad está viviendo el niño. Este permanece en la continuidad de lo que ha sido hasta el momento. Las palabras desacertadas de los adultos le dan una concepción de sí mismo que lo desvaloriza, poco compatible con la percepción que tiene de su persona y sus aspiraciones como ser humano en desarrollo. Esto aumenta su fragilidad.

Como todas las evoluciones relacionadas con el hecho de hacerse mayor, la pubertad se manifiesta primero por una transformación del cuerpo. La fisiología global cambia por un trastorno hormonal; la anatomía se modifica a nivel de los órganos genitales, pero también de la osamenta y de la musculatura; ciertas características sexuales secundarias aparecen, como el vello corporal y el cambio de la voz, que también se da en las niñas, aunque se perciba menos que en los niños.

Cada niño se apoya en referencias sensoriales para sentirse bien consigo mismo. Se siente cómodo y en confianza cuando puede vivir el sentimiento continuo de su existencia, de su presencia en el mundo. Los cambios físicos de la pubertad son numerosos y significativos, difuminan los puntos de referencia del niño, que se vuelve mayor. Ya no sabe muy bien quién es o dónde está, y esto le debilita profundamente. De esta fragilidad pueden nacer ciertas aprensiones, algunas ligadas al cuerpo y a sus cambios, mientras se plantea numerosas preguntas sobre su futuro. Por ejemplo: «¿Cuál será mi profesión?», «¿Cómo haré para sentirme pleno y realizado?», «¿A quién amaré?», «¿Quién me querrá?», «¿Me querrán?», «¿Qué quiero hacer con mi vida?», «¿Viviré como mis padres?», «¿En qué ciudad, en qué región, en qué país quiero vivir?», etcétera.

La pubertad es, por tanto, un periodo que puede volver a los jóvenes particularmente sensibles y, por tanto, irritables, reactivos y susceptibles. Esta hipersensibilidad es tan natural como inevitable. Requiere más paciencia y comprensión por parte de los padres o educadores.

El enigma de la sexualidad

Desde finales del siglo xx, las costumbres han evolucionado enormemente. Durante mucho tiempo, la sexualidad se ha mantenido apartada de forma hipócrita, como si fuera propiedad exclusiva de los hombres: las mujeres quedaban limitadas a sus actividades del hogar o mundanas, según el medio al que pertenecieran, y la idea de una sexualidad infantil era inimaginable.

En los años sesenta se produjo el cambio. Una verdadera liberación sexual vio la luz y desvinculó las relaciones amorosas de los yugos de la tradición, principalmente machista y falócrata, y de los prejuicios sociales desfavorables a las mujeres y a los homosexuales, a las personas discapacitadas... Esta liberación era necesaria.

Más recientemente, sin embargo, la comercialización de todas las actividades humanas bajo la presión de la mundialización de los mercados y de lo que se ha dado en llamar ultraliberalismo ha conducido a una sobrepuja de demostraciones de prácticas sexuales de todo tipo en Internet y en los medios, con enormes ingresos para la industria y el comercio del porno.

Los niños y los adolescentes de hoy en día ya no se enfrentan a los mismos desafíos del crecimiento que los de ayer. Al contrario que sus mayores, para activar su deseo de descubrir la sexualidad ya no necesitan franquear sucesivamente las exploraciones que permitieron a estos descubrir su sexualidad al ritmo propio de cada uno. Los niños y los adolescentes de hoy en día viven confrontados a una plétora de información sobre el «sexo» y de incitaciones a consumirlo. Desde el punto de vista psíquico, esto les exige una enorme energía para ser capaces de distinguir lo que les molesta o les choca y protegerse de ello, ponerse al abrigo de los detalles demasiado crudos que todavía no puedan asimilar y rechazar las exhibiciones gratuitas que no les agraden. A veces llegan a perder la confianza en el mundo de los adultos. Esto es todavía más cierto en el caso de los más sensibles.

Así, desde hace más de veinte años, desde que los teléfonos móviles tienen acceso a Internet, el psicoanalista infantil trata con niños de ocho o nueve años que ya han descubierto la pornografía, o a quienes otros chicos más mayores han mostrado películas pornográficas, y ahora están absorbidos y obnubilados por lo que han visto, y se vuelven a menudo extremadamente dependientes. Como el temor ante la sexualidad en bruto se mezcla también con una excitación muy fuerte —objetivo principal de cualquier pornografía—, esos niños ya no consiguen controlarse y poner distancia ante lo que ven. El sistema de *captación* propia de las webs los atrapa mucho más, puesto que cualquier página propone otras del mismo tipo o peor, en una espiral sin fin. Como consecuencia, sus resultados escolares suelen caer en picado y su atención en clase o en el deporte se ve dañada de manera indefinida. Pueden volverse irritables, irrespetuosos y violentos.

Aun cuando este es un fenómeno que atañe un poco más a los niños que a las niñas, cada vez afecta más a niños de ambos sexos. Es importante que los padres y los educadores expliquen a los niños que las demostraciones sexuales de cualquier índole que se ven en Internet o en otra parte son una puesta en escena, una película, no pertenecen a la vida real y no se trata de amor. En caso contrario, los jóvenes pueden dudar, hacerse numerosas preguntas sobre ellos mismos, sobre el amor y sobre la vida y terminar creyendo que no estarán «integrados» si no se adhieren a esos procedimientos. Pueden llegar a sentirse rechazados por el mundo y sentirse desesperados. Algunos de los niños o adolescentes a los que he recibido se dicen *abandonados* por sus padres.

Los jóvenes adictos a la pornografía que acuden a terapia lo hacen normalmente por iniciativa propia, sobre todo por miedo de no poder volver a vivir sin ello. A veces, los padres están al tanto; a veces, el niño insiste en hablar con un psicólogo sin explicar las razones concretas a las personas de su entorno. La cura para estos niños pasa por una revalorización de su cuerpo real, de su propia sexualidad de niño o de adolescente y de la libertad de su propia imaginación, por un redescubrimiento de sus verdaderas preocupaciones subjetivas y por ser capaces de diferenciar claramente entre erotismo y pornografía, distinción voluntariamente borrada en ciertos discursos complacientes.[*]

En otras palabras, es importante que los adultos (padres, abuelos y demás) no mezclen a los niños en su vida sexual o en sus preocupaciones relacionadas con la sexualidad. Un niño o un adolescente testigo de la

---

[*] También hay padres muy preocupados, a menudo conmocionados, que acuden a consulta porque no saben cómo ayudar a su hijo adicto a la pornografía de Internet. Su impotencia los tiene devastados. Necesitan apoyo para recuperar los ánimos.

sexualidad entre adultos, expuesto de forma obscena a sus retozos o a lo que viene después (abluciones en el cuarto de baño), queda profundamente marcado por lo que ha visto y oído, hasta el punto de llegar a sentirse muy mal frente a la sexualidad más adelante y evitarla para no tener que revivir la mezcla de excitación, asco y vergüenza que experimentó entonces.

La educación sexual: una necesidad

Existen libros ilustrados sobre la sexualidad para todas las edades particularmente bien pensados. Está bien que los padres les regalen a sus hijos un libro que estos puedan consultar solos. En los institutos se organizan a veces charlas informativas sobre sexualidad y contracepción. Permiten hablar libremente de un tema esencial para los jóvenes y ofrecerles la información adecuada sobre la anatomía, la vida sexual, la reproducción y la contracepción. Bien planteadas, responderán a sus preguntas íntimas. Suponen también un momento perfecto para hablar de la homosexualidad y ayudarlos a comprender que esta existe y que tanto los jóvenes que viven este tipo de sexualidad como sus compañeros acepten mejor esta realidad humana.

DE 0 A 6 AÑOS

DE 6 A 10 AÑOS

DE 10 A 15 AÑOS

▶ Grandes transformaciones

«¿Quién soy?», «¿Qué estoy haciendo en el mundo?».
Estas cuestiones tan amplias surgen siempre en el momento de las grandes etapas de la vida y, por tanto, durante la pubertad, en la mente de los jóvenes que dejan atrás la despreocupación de la infancia temprana.

Cuando surgen estas preguntas fundamentales, es preferible que el padre, el profesional de la infancia o el terapeuta del niño que está creciendo las deje abiertas para que este pueda responderlas por sí mismo y de manera flexible, no definitiva, como una pregunta dinámica. En efecto, la búsqueda cuenta más que la respuesta en sí. Estas importantes preguntas forman parte de la experiencia humana y ayudan a los niños muy sensibles a habituarse a la complejidad y la incertidumbre, lo cual es también una forma de crecer y de prepararse para vivir en un mundo que no es tan sencillo como quisiéramos.

El cuerpo desestabilizado

Las importantes transformaciones que se producen en el cuerpo proporcionan al niño en crecimiento una consciencia aguda de su encarnación en ese cuerpo, que siente, toca, escucha, ve y es objeto de comentarios por parte de los demás, a veces sin tacto. El cuerpo se convierte en objeto de reflexión, preocupaciones e inquietudes. Ese cuerpo, incluso sano, puede convertirse en una fuente de rechazo debido al vello corporal, el sudor considerado maloliente y las secreciones de la zona genital.

Las clases de biología ayudan al niño a comprender las realidades y los límites del cuerpo físico. En clase de literatura, es aconsejable leer relatos que traten sobre el final de la infancia, testimonios de jóvenes que lo hayan vivido más o menos bien y textos sencillos sobre el cuerpo o las actividades corporales, como la higiene, la natación, el baile y todos los placeres del cuerpo en movimiento. Una primera forma de reflexión filosófica sencilla sobre la vida, el cuerpo y el cambio sería de gran ayuda. Por supuesto, cuanto más comprensivos, positivos y respetuosos sean los padres con su hijo, más en confianza se sentirá este para vivir y aceptar su pubertad.

Para ayudar a los niños a reducir su estrés, así como a estar presentes en su cuerpo y manejarlo, el método Vittoz,* la sofrología, la relajación y la meditación son muy beneficiosos. Para los que prefieran una actividad más dinámica, el teatro, el canto, la danza, la mímica o las técnicas de *clown* son prácticas lúdicas que ayudan considerablemente.

El alma que sufre

Cuando al niño no se lo acompaña en esta difícil etapa con el tacto suficiente o la benevolencia, o si sufre,

---

* Ver, algo más adelante, en este mismo capítulo.

además, un episodio doloroso, puede que no consiga realizar el duelo de su infancia. Se sentirá entonces desarmado para encaminarse hacia la adolescencia de manera serena. Aunque suele ser invisible, esta dificultad es más frecuente de lo que pensamos.

Tina es una jovencita de catorce años, muy dulce, seria en el colegio y particularmente sociable. Sus padres y sus profesores siempre han estado muy satisfechos con ella. Se entiende muy bien con sus compañeros. Tiene dos amigas a las que se siente muy unida. Las transformaciones físicas que experimenta al comienzo de la pubertad hacia los doce años no parecen provocarle ningún problema. Se siente bien con su cuerpo. Aparentemente, todo va bien para Tina... Sin embargo, desde hace algún tiempo, está triste, casi malhumorada. Ella, que era tan alegre, está huraña y muy irritable. Preocupados, sus padres insisten en que consulte a un terapeuta. A lo largo de las sesiones, Tina expresa una pena muy grande. Era poco consciente de esta inmensa tristeza que albergaba en lo más profundo de su interior. Cuando comprende la razón, llora a lágrima viva. Tina amaba la infancia, se sentía bien en ella, se encontraba a gusto, en su elemento. Describe su infancia, y la infancia tal y como ella la concibe, como dulzura y luz, despreocupación, sueños y juegos sin final. Tina no quiere dejar ese paraíso. La terapeuta la comprende y se lo dice. Tina sonríe a través de las lágrimas, tranquilizada. Un duelo, de hecho, no es posible si no somos capaces de nombrar libremente todo lo que nos da pena y aquello a lo que nos cuesta decir adiós.

El sufrimiento del alma humana y los interrogantes de un ser en evolución no son una enfermedad. Sería verdaderamente una pena hacer creer a los padres o al niño que se trata de una patología. No solo sería deshonesto, sino que encasillaría al niño en la idea de que tiene «un problema», cuando únicamente se trata de sensibilidad, vida y crecimiento.

Djamel es un chico alto de quince años, fuerte y muy deportista. Manifiesta una gran sensibilidad, alegre y muy comunicativa. Le encanta el fútbol y pasa el tiempo jugando al balón con los compañeros, lo cual no le impide llevar bien los estudios. Sus profesores están todavía más contentos por su implicación en clase porque saben que Djamel vive en unas condiciones más bien difíciles: en un pequeño apartamento de un barrio deprimido, con muchos hermanos y hermanas. El ambiente familiar es bueno y todo va bien en su vida. Sin embargo, un día acude a la psicóloga del colegio, que le aconseja hablar con un profesional. Djamel se expresa con franqueza. Está dándose cuenta de que le gustan los chicos. Esto le atormenta cada vez más. Se ha vuelto nervioso, agitado, come poco y no consigue dormir. Está dividido entre la molestia, la vergüenza y la fuerza de su deseo. Se atormenta porque cree que su religión prohíbe esta forma de amor, que su familia lo rechazará, que sus amigos ya no lo querrán, que tendrá que dejar el fútbol, etcétera. No quiere que se burlen de él a causa de algo que siente en lo más profundo de su ser. Djamel comprende que necesita poder hablar libremente de

DE 0 A 6 AÑOS

DE 6 A 10 AÑOS

DE 10 A 15 AÑOS

lo que le sucede. Acordamos que venga cuando pueda para no alertar a su entorno. La retribución de cada sesión será simbólica: un dibujo, una canción, una hoja seca, un dulce, un poema escrito por él... Poco a poco, Djamel descubre lo orgulloso que puede estar por lo que es, lo que vive y lo que siente. Se da cuenta de que no hay urgencia por nada, de que no está obligado a decir nada por ahora, de que tiene tiempo para crecer y madurar. Un día, se enamorará y podrá vivir la gran aventura del primer amor... Tranquilo y confiado, decide parar su terapia. Ya no tiene miedo de dejar la infancia: la adolescencia que se abre ante sus ojos le parece, incluso, un maravilloso continente lleno de promesas que ansía descubrir.

Esta historia es una excepción a las dificultades que encuentran muchos jóvenes y las pruebas que atraviesan cuando su entorno se da cuenta de que son «homosexuales». Este término todavía es, de hecho, una etiqueta. No ayuda a que el conjunto de la sociedad acoja y acepte mejor el amor que se sale de los caminos habituales. Aún son demasiado numerosos los suicidios de los jóvenes en este caso, a pesar de que una verdadera escucha y una sincera acogida con humanidad de su especificidad permitiría evitarlos.

Una brecha hacia la sombra: la violencia y el cuestionamiento de la locura

Los niños y los adolescentes son conscientes de la existencia de la violencia, en ellos y en los demás, y a veces de la maldad, en ciertas circunstancias. Cuando lo descubren, se dan cuenta de que el mundo no es tan fácil y apacible como quisieran, que ellos también pueden sufrir accesos de violencia que los atemorizan y los fascinan al mismo tiempo, principalmente porque se ven superados por ellos. Con la pubertad, la cuestión de la violencia se vuelve muy poderosa, vinculada principalmente al despertar de la sexualidad y a los poderosos movimientos de atracción y de repulsión que conlleva. Al mismo tiempo, si no los han experimentado antes debido a alguna circunstancia o experiencia dolorosa, aparecen ciertos cuestionamientos sobre la locura, la incapacidad, la marginalidad, etcétera.

Un niño o un adolescente hipersensible puede verse fácilmente invadido por la duda acerca de sí mismo. De tanto como se atormenta con estos cuestionamientos, llega a preguntarse en ocasiones si no estará volviéndose loco. Esta aprensión es todavía mayor cuando el entorno familiar infravalora al niño o al adolescente o cuando sus compañeros se ríen de él. Es bueno que el joven pueda entonces abrirse a una persona de confianza que le conceda la atención que necesita y que lo tranquilice acerca de lo que está viviendo: se trata de dificultades y cuestionamientos que todo ser humano conoce, cada uno a su modo.

La valorización repetida de las cualidades reales del niño sensible no siempre basta para sacarlo del círculo vicioso en el que está encerrado. En estas ocasiones, la terapia es recomendable para ayudarlo a desprenderse de las creencias que lo mantienen en una duda constante sobre sí mismo y su futuro y para apoyar su pensamiento personal.

El niño sensible descuidado o maltratado

Siempre hay que informar de una sospecha o una prueba de maltrato a un niño o un adolescente a los servicios sociales.

Cuando un trauma impacta en la sensibilidad

A cualquier edad, una prueba dolorosa nos vuelve necesariamente más sensibles, es inevitable. Actualmente, todos los estudios serios concluyen de forma unánime que todo trauma provoca distintas formas de hipersensibilidad (tanto física como psíquica), a veces profundas y duraderas, y suscita un *estrés crónico*.

Los niños que han vivido una forma directa o indirecta (mediante imágenes) de maltrato verbal, físico o sexual, así como aquellos que han sido testigos del maltrato o que conviven con una persona que ha pasado por ello, están profundamente heridos en su sensibilidad. Es recomendable que reciban apoyo terapéutico porque se trata de un trauma grave.

Recordemos que un trauma es la consecuencia de un choque tan imprevisible y perturbador, incluso violento, que parece irreal e imposible de comprender, hasta el punto de provocar que la persona que lo ha vivido intente protegerse radicalmente haciendo como si nunca hubiera sucedido. Por si fuera poco, esta experiencia inaudita parece imposible de compartir con los demás, sobre todo si estos no han pasado nunca por ella. El niño se siente entonces muy solo y aislado de su entorno.

Un trauma psíquico se desarrolla según ciertas etapas:

Etapa 1: la violencia del acontecimiento provoca una *onda de choque.* Esta sumerge al individuo en el estupor y el inmovilismo (parálisis física).

Etapa 2: el impacto se manifiesta primero por una *efracción* que crea una brecha en las capacidades de protección de la persona. La violencia del choque se instala en ella, provocándole terror, un vacío emocional y una anestesia afectiva.

Etapa 3: al incidente sigue un *aturdimiento*, con una fuerte sideración* caracterizada especialmente por la incapacidad para sentir y pensar (parálisis psíquica).

---

* Anulación total y repentina de todas las actividades emocionales y motoras de una persona tras sufrir un accidente o un suceso traumático.

Etapa 4: cuando la persona se recobra, pasa por una fase de *negación*. Rechaza la difícil realidad y no consigue creerla, de tan inconcebible como le parece.

Etapa 5: a todo ello sigue una fase más o menos larga e intensa de *agitación* y *confusión*, de caos emocional y afectivo. Las imágenes y las sensaciones del acontecimiento doloroso se suceden y asaltan al sujeto.

Etapa 6: continúa con un momento de gran relajación, de agotamiento, incluso de *derrumbe*, caracterizado por una profunda y pesada tristeza, un fuerte abatimiento y, a veces, un periodo de depresión.

Etapa 7: la «curación» del trauma no empieza hasta después, en concreto con un largo periodo de *duelo* y la posibilidad, más adelante, de proponer un relato personal concreto, claro y preciso del hecho (con un antes, un durante y un después), así como del impacto que ha tenido sobre uno.

A menudo se necesita ayuda terapéutica para volver a encontrar el equilibrio y liberarse de la anestesia que provoca el estado de estrés y de las pesadillas que siguen al gran trauma. En cualquier caso, una actitud positiva frente a la vida favorece el reencuentro con uno mismo y con la confianza. Por ejemplo, es preferible concentrarse en lo que va bien en lugar de en lo que podría ir mejor. Además, en casa o en el colegio, se puede cultivar una disposición mental y del corazón que incite a maravillarse ante las alegrías sencillas de la vida diaria.

Educando en el «buentrato»: neutralizar la violencia del niño traumatizado

El equipo del Trauma Center de Boston (primer centro de salud de Estados Unidos para personas traumatizadas) recomienda no castigar a los niños y adolescentes que son víctimas de un trauma. Ni siquiera a aquellos que sufran crisis o sean agresivos con los demás, porque lo que hacen es manifestar su «estrés traumático». Aconseja: «Ante tal situación, lo primero que hay que hacer es reconocer que el niño está traumatizado. A continuación, se lo ayuda a calmarse, se explora el origen de su comportamiento y se habla con él de las posibles soluciones».

Actuando de este modo, el adulto le aporta al niño o adolescente nuevas formas de hablar de sus sentimientos, de expresar sus expectativas y de pedir ayuda. Podemos decir: «Me doy cuenta de que estás enfadado (o desbordado por lo que sientes). ¿Te apetece ir a sentarte en el rincón refugio (o distanciarte un poco) para recuperarte?». Luego, cuando haya encontrado cierta calma, se lo ayuda a hallar las palabras que necesita para describir lo que siente. Identificar la verdad de una experiencia sensible es esencial para superar un trauma y sentirse capaz de estar con los demás de nuevo.

Malestar de la familia, proyección e hipersensibilidad

Aun cuando sea consecuencia de un trauma, la hipersensibilidad no tiene nada que ver con una enfermedad. Algunos padres que acuden a la consulta de un profesional para su hijo designan lo que ellos consideran como un problema empleando el atajo de una etiqueta psicopatológica. Por ejemplo, el médico puede escuchar afirmaciones del tipo de «es fóbica», «es hiperactivo», «es bipolar», «es depresivo», «es anoréxica», etcétera. La etiqueta ha sido colocada por el entorno antes incluso de que el niño haya consultado con un profesional, a raíz de un artículo del periódico o de un libro, de un programa de la tele o de la radio o incluso de una conversación con un colega o en familia. Los padres están convencidos de saber de antemano aquello de lo que «sufre» el niño. Lo que quieren del profesional es un remedio milagroso o una solución definitiva.

Lo cierto es que la realidad es muy distinta por diversas razones. He aquí las principales:

- El niño expresa el malestar de la familia entera, de la relación entre los padres o, de una manera más particular, de uno de los padres.
- La etiqueta psicopatológica elegida por el entorno designa el malestar invisible de la familia mucho más que el «problema» real del niño, que no hace sino expresar el malestar familiar de

forma más ruidosa y perceptible que el resto de los miembros del grupo.

- Es raro que un profesional competente y serio, respetuoso con el niño, avance un diagnóstico y se lo comunique a los padres como la verdad definitiva y la clave de un eventual tratamiento. O bien no lo sabe (algunas situaciones son complejas), o no le interesa darle un nombre (trabaja de otra manera) o lo guarda para sí (como simple punto de referencia).

Sería demasiado largo y arduo explicar en detalle en qué consiste el mecanismo de defensa que los psicólogos llaman «proyección». Precisemos simplemente que este poderoso medio se utiliza de forma inconsciente para protegerse a uno mismo, poniéndose fuera de foco.* En la relación entre un padre y su hijo, permite al adulto desplazar sobre el niño sus propias dificultades haciéndole cargar con sus problemas y pidiéndole que los resuelva al tiempo que le reprocha no conseguirlo. No se trata de que nos sintamos mal por utilizar tal subterfugio, porque todos alguna vez lo hemos hecho inconscientemente. Se trata, más bien, de tomar consciencia de ello para dejar de trasladar sobre el otro las críticas o los reproches que podríamos hacernos a nosotros mismos y de creerlo «enfermo» de lo que nosotros sufrimos en silencio sin reconocerlo.

---

* Para más detalles, puedes consultar mi obra *La Folie cachée*, Albin Michel, París, 2015.

DE 0 A 6 AÑOS

DE 6 A 10 AÑOS

DE 10 A 15 AÑOS

Cuando el adulto acepta hacer introspección y se adjudica aquello de lo que se estaba descargando atribuyéndoselo a otro, permite que el niño sensible se libere del lastre que llevaba para aliviar a su padre. Por eso, en numerosos casos, el psicoanálisis del progenitor o la terapia familiar del conjunto del grupo es más eficaz para superar estas dificultades que una terapia centrada únicamente en el niño.

▶ Favorecer el equilibrio

Como ya he indicado, tanto la actividad física como el contacto con la naturaleza ayudan al niño hipersensible a airearse, reequilibrarse y relajarse. La expresión corporal contribuye a que exprese sus emociones: baile libre, pintura de dedos, arcilla o plastilina, jardinería, bricolaje, cocina, costura, punto, etcétera. Por último, la creatividad artística es un complemento interesante: escritura, canto, circo, teatro, baile (clásico o moderno)...

Enseñar al niño a observar sin juzgar

Antes que nada, la primera actividad que hay que enseñar a los niños y a los adolescentes es la observación sencilla. Se trata de percibir solamente, es decir, de constatar lo que se siente sin emitir comentario ni juicio alguno. Por ejemplo: «Estoy cansado». «Estoy nervioso»,

«Tengo hambre», «Tengo sed», «Tengo frío», «Tengo calor» o «Esta tela es suave», «Esta caja es sólida», «La pared es rugosa», «El pomo de la puerta es liso», «La lechuga está salada», «El postre es dulce» o, también, «Me siento enfadado», «No consigo leer», «Estoy demasiado cansado para trabajar», «Tengo miedo de no conseguir responder a la pregunta», etcétera.

El método Vittoz existe desde finales del siglo XIX.[*] Beneficia especialmente a los niños muy sensibles y favorece el equilibrio cerebral. Se basa en enseñar al niño a concentrarse en su cuerpo para acoger sus sensaciones y luego su pensamiento, mediante ejercicios muy sencillos que puede practicar a diario o con regularidad, a su propio ritmo. Este método lo ayuda a conocer por sí mismo las herramientas con las que cuenta para concentrarse en una actividad, de trabajo o de placer, y para calmarse cada vez que lo necesite.

He aquí algunos ejercicios sencillos y muy útiles:

* Con los ojos cerrados, sentados en una silla o tumbados en la cama, fijamos la atención unos instantes en un pie, luego en el otro, luego en cada uno de los tobillos, etcétera, y vamos subiendo por el cuerpo. Primero, las piernas; a continuación, los brazos, a un lado y a otro, hasta llegar al tronco, la cara y la cabeza. Una vez

---

[*] Roger Vittoz (1863-1925) fue un psiquiatra suizo que en la década de 1890 inventó un método de terapia psicosomática fundado en la *receptividad,* para «estar en contacto con todo lo que nos rodea».

terminado el «viaje», observamos un momento la respiración. ¿Cómo es? ¿Ha evolucionado durante el ejercicio?

- De pie, con los ojos abiertos y los brazos por encima de la cabeza, hay que imaginar que somos un árbol a la vez tranquilo y poderoso. Luego, si es posible, cerramos los ojos. Permanecemos así unos instantes, fijándonos sencillamente en las sensaciones del cuerpo.

- Sentados, con los ojos abiertos, juntamos la punta del pulgar y el índice, como si sostuviéramos una tiza. En una pizarra imaginaria, pintamos varias veces seguidas el símbolo del infinito, el ocho horizontal, pasando y volviendo a pasar por el centro cada vez. Con una mano y luego con la otra. Nos detenemos cuando nos sintamos más relajados. Repetimos el ejercicio con los ojos cerrados.

- De la misma manera, en esa pizarra imaginaria, dibujamos un cuadrado. Visualizamos ese cuadrado en la pizarra y luego borramos cada uno de los lados, uno tras otro. Nos detenemos a visualizar la pizarra vacía. Repetimos el ejercicio con los ojos cerrados, primero con una mano y luego con la otra.

- Con la misma tiza imaginaria, dibujamos ante nosotros una «i» mayúscula invertida. Luego, decimos «yo» mientras seguimos dibujando esta gran «i». Primero con los ojos abiertos y luego cerrados.

Roger Vittoz inventó otros muchos pequeños ejercicios igual de sencillos, como dibujar espirales imaginarias en un sentido y luego en otro, etcétera. Cada niño o cada padre puede inventar sus propios ejercicios, según el que mejor se le adapte. Recientemente, con la moda de la meditación *mindfulness* se ha puesto de nuevo en evidencia la posibilidad de desarrollar nuestra atención en cada gesto, cada actividad, cada momento del día.

• • • • • • • • • • • • • • • • • •

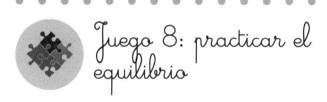

Juego 8: practicar el equilibrio

He aquí un ejercicio agradable que favorece el equilibrio y la armonía física y psíquica mientras se conectan ambos hemisferios cerebrales.

De pie, la mano izquierda toca la rodilla derecha, que se levanta hacia ella; luego la mano derecha toca la izquierda, que se levanta hacia ella. Y así, a continuación, numerosas veces. Luego se puede intentar con los codos en lugar de las manos.

Cuando el ejercicio se vuelva fácil, es posible hacerlo siguiendo el ritmo de una música pegadiza, para un mayor dinamismo, o con una música tranquila, para calmarse.

● ● ● ● ● ● ● ● ● ● ● ● ● ● ● ● ● ● ●

Baile y expresión corporal

Son muchos los niños ultrasensibles que liberan sus tensiones a través del deporte, solos o en equipo. En teoría, no hay una actividad física mejor que otra; la mejor para el niño es aquella que le guste practicar. Puede que cambie, por tanto, a lo largo de los años, en función de la evolución de sus preferencias y sus aspiraciones.

Los niños sensibles son por lo general muy felices cantando y suelen formar parte de corales o de coros. El canto los tranquiliza a la vez que desarrolla su respiración, ayudándolos a afirmarse. La hermosa película *Los chicos del coro* es un ejemplo de esta pasión contagiosa.

Hay niños que aprecian particularmente el teatro o el papel del payaso. Les gusta meterse en la piel de un personaje imaginario o cultivar el sentido del humor y de la broma. A otros les apasiona la mímica, una maravillosa práctica artística que ayuda a expresarse mediante el cuerpo, los gestos, las posturas y las muecas, sin utilizar las palabras.

A muchos les encanta bailar. Sería una lástima impedirle bailar a un chico bajo el pretexto de que es varón. La formidable historia que se cuenta en la película

Billy Elliot nos lo recuerda con mucha lucidez y emoción. La danza es un modo extraordinario de conocer nuestro cuerpo, de habitarlo y de superarnos y aprender a expresarnos a través del ritmo y el movimiento. Al igual que el teatro o el canto, la danza ayuda a desarrollar el sentido de la escucha, el respeto y el espíritu de equipo.

Cada una de estas prácticas artísticas y deportivas, sobre todo las que favorecen el equilibrio, ayudan a los niños altamente sensibles a vivir mejor su vida diaria y superar las dificultades que siempre encuentran en un momento u otro de su infancia. Por último, estas actividades los hacen vivir experiencias inolvidables que contribuyen a su realización y al enriquecimiento de su futura personalidad. *Desarrollar nuestra sensibilidad es la mejor forma de conocerla bien, hacernos a ella y, por lo tanto, vivirla.*

Cuando llegan los espectáculos de final de curso, el niño estará feliz de mostrar sus progresos y los padres estarán encantados de descubrir en él unas capacidades insospechadas.

Alba y su socia, bailarinas y coreógrafas, de las que ya hablé antes, quisieron aportar una respuesta creativa al terror que siguió a los atentados de París de noviembre de 2015. Para ello, montaron un espectáculo de fin de curso con los niños de la escuela primaria que llevaba por nombre «Viva la laicidad». Una vez superados los miedos y los prejuicios, los chicos se implicaron mucho, todo el mundo bailó muy bien y las dos profesoras bailaron con ellos también, sin interrupción. El espectáculo fue muy aplaudido por los padres, que estaban encantados. Tras los aplausos, los niños cantaron con la mano en el pecho una *Marsellesa* de su cosecha, cambiando la letra. En lugar de, por ejemplo, «que una sangre impura inunde nuestros surcos», propusieron «que una sangre pura inunde los corazones»... Cuando Alba rememora aquella tarde, se siente muy feliz. Menciona también la cordialidad entre las familias y ciertos arrebatos de solidaridad. Por ejemplo, antes del espectáculo, «había una abuelita inválida que quería ver bailar a su nieta». No podía entrar en el salón de actos porque no había rampa de acceso. Alba pidió ayuda por megafonía para llevar a la señora en silla de ruedas y «se levantaron quince padres para ir a ayudarla. Fue fabuloso, ¡cuántas emociones!», relata entusiasmada.

Son verdaderamente unas experiencias fabulosas que rinden homenaje a la sensibilidad. Solo podemos desear que se desarrollen y se multipliquen por todas partes: en las escuelas, en los institutos y fuera de estos, como es el caso del formidable taller de creación de canciones del cantante Arnaud Roman, que realiza un maravilloso trabajo en los barrios desfavorecidos de las afueras de París con niños y adolescentes marcados por unas duras condiciones de vida.

Todas estas experiencias creativas nos enseñan a vivir mejor juntos, expresándonos y comunicándonos. *También nos enseñan una regla de oro de la sensibilidad: la emoción, por muy fuerte que sea, nunca es un obstáculo insuperable si es acogida tanto por el joven como por su entorno.* Durante una experiencia difícil, no hay nada peor para un niño o adolescente que la soledad. Si cuando se emociona se encuentra aislado y sin recursos, su emoción solo puede crecer más. Se ve entonces invadido y sumergido en aquello que siente, sin poder compartirlo, contenerlo o calmarlo. La misión de los adultos consiste, ante todo, en ofrecer un oído atento y un corazón bondadoso para que los niños y adolescentes no se vean solos con sus sentimientos. *La aceptación, la escucha y el respeto son el camino real hacia su felicidad.*

Una alimentación sana

La calidad de la alimentación es una condición esencial para facilitar la vida diaria de los niños ultrasensibles (y de todos los niños en general). Una buena alimentación debe poder aportar cada día:

- Frutas y verduras, que proveen de vitaminas, oligoelementos y fibra.
- Frutos secos (almendras, nueces, avellanas, pipas de calabaza y de girasol...), que aportan vitaminas, minerales (calcio, magnesio, fósforo...), proteínas y ácidos grasos saludables.
- Aceites biológicos de primera prensada en frío, que proporcionan los ácidos grasos esenciales, o

pescados como la sardina, la caballa y el salmón, ricos en omega 3 e indispensables para el buen funcionamiento del corazón y del cerebro.

- Cereales y patatas para los glúcidos complejos (azúcares lentos), que dan energía a los músculos y al cerebro.
- Leguminosas, huevos o pescado, que suministran proteínas.

Es preferible que el niño beba agua, zumo de fruta exprimida o zumo de verduras frescas a que beba refrescos artificiales, demasiado ácidos y ricos en azúcares rápidos, que son nefastos para los dientes y fuente de diabetes. Igualmente, es mejor evitar las cremas de untar demasiado grasas o azucaradas y preferir simples purés de almendra o de avellana, con o sin cacao, así como el puré de castañas.

Es muy importante beber mucha agua entre las comidas y airear regularmente la habitación en la que juega, estudia o duerme el niño.

Las organizaciones que se ocupan de la salud aconsejan no ingerir ni demasiada sal ni demasiado azúcar. El niño puede acostumbrarse a reemplazarlos por hierbas o especias suaves.

Para evitar los pesticidas y los fertilizantes químicos de la industria agroalimentaria, que son tóxicos para el organismo, es mejor decantarse por alimentos biológicos. La fruta y la verdura de temporada también son preferibles, por su calidad superior y su origen local.

● ● ● ● ● ● ● ● ● ● ● ● ● ● ● ● ●

 Actividad creativa: preparar la comida

Este es el menú de una comida para cuatro personas que el joven puede cocinar solo, con un amigo o con la ayuda de un adulto:[*]

- Ensalada de lentejas con aguacate y semillas
- Bulgur y brócoli con avellanas y cilantro
- Ensalada de frutas con coco

● ● ● ● ● ● ● ● ● ● ● ● ● ● ● ● ●

ENSALADA DE LENTEJAS CON AGUACATE Y SEMILLAS

Tiempo de preparación: 45 minutos
Ingredientes:

- 200 g de lentejas (verdes o rubias)
- 1 aguacate
- 4 tomatitos *cherry*
- 1 puñado de semillas de rábano germinadas

---

[*] Gracias a Karine Hyenne por regalarnos estas deliciosas recetas.

- 1 puñadito de pipas de girasol
- 1 puñadito de pipas de calabaza
- 1 cebolleta
- 1 hoja de laurel
- ½ cucharadita de café de comino en polvo
- El zumo de un limón pequeño
- Vinagre de sidra (o balsámico)
- Aceite de oliva
- Mostaza
- Pimienta gris

Preparación:

- Poner las lentejas a cocer siguiendo las instrucciones del envase, con la hoja de laurel.
- Cortar el aguacate en trozos de alrededor de 1 cm, regar con un poco del zumo de limón (para que no se ponga negro). Añadir el comino, remover y conservar en frío.
- Pelar y cortar finamente la cebolleta.
- Para la vinagreta: en un cuenco, mezclar poco a poco 1 cucharadita de café rasa de mostaza, 1 ½ cucharadas soperas de vinagre y 3 cucharadas soperas de aceite de oliva. Añadir el resto del zumo de limón, una pizca de pimienta y mezclar.
- Una vez cocidas las lentejas, escurrirlas y enjuagarlas rápidamente con agua fría para que se templen. Ponerlas en una ensaladera y añadir la cebolleta, la vinagreta y el aguacate y remover. Conservar en frío

durante 30 minutos mínimo. Servir en el último momento y añadir las semillas germinadas, las pipas de girasol y calabaza y mezclar. Decorar con los tomates *cherry* cortados por la mitad.

BULGUR Y BRÓCOLI CON AVELLANAS Y CILANTRO

Tiempo de preparación: 50 minutos
Ingredientes:
- 240 g de bulgur de trigo (o de quinoa si no comes gluten)
- 1 brócoli
- ½ manojo de cilantro
- 1 puñadito de avellanas
- Sal
- Pimienta

Preparación:
- Poner a cocer el bulgur (o la quinoa) siguiendo las instrucciones del envase.
- Preparar el brócoli: separarlo en ramilletes pequeños, cortar las ramas y el tronco en cubitos y lavar. Cocer durante 8 minutos y medio al vapor (es decir, en una cacerola con un fondo de 2 cm de agua). Salpimentar.
- Preparar las avellanas: disponerlas sobre una tabla de cortar y aplastarlas con un rodillo pastelero para formar trocitos.

- Lavar el cilantro, secarlo y picarlo muy fino. Guardar una ramita para la decoración del plato.

- Una vez que el bulgur esté cocido, escurrirlo bien. Colocarlo en una ensaladera y añadir el cilantro picado y ¾ de los trocitos de avellanas. Mezclar y decorar con la ramita de cilantro.

- Una vez cocido el brócoli, escurrirlo, colocarlo en un plato y espolvorearle el resto de los trocitos de avellanas.

- Servir juntos el bulgur y el brócoli.

ENSALADA DE FRUTAS CON COCO

Tiempo de preparación: 30 minutos

Ingredientes:

- 5 frutas, de las cuales al menos 3 deben ser distintas. Se pueden elegir del cuadro siguiente (se trata de una lista de posibilidades, para elegir en función del gusto y la temporada):

Fruta	Equivale a 1 fruta (aprox.)	Preparación
Manzana, pera, melocotón, nectarina	1	Cubitos de 1 cm
Plátano	1	Rodajas de 1/2 cm de espesor
Uvas	1 racimo mediano	Cortadas en dos trozos

Fruta	Equivale a 1 fruta (aprox.)	Preparación
Kiwi	1	Rodajas de ½ cm de espesor cortadas en cuartos
Pomelo	½	Gajos cortados en cuatro trozos
Mandarinas	2	Gajos cortados en dos trozos
Mango	1/3	Cubitos de 1 cm
Lichi	6	Cortados en cuatro trozos
Granada	1	Semillas enteras
Fresa	10	Cortadas en cuatro trozos
Melón	1/4	Cubitos de 1 cm
Sandía	120 g	Cubitos de 1 cm
Albaricoque	3	Cortados en seis trozos

Ejemplos:

- En invierno: 1 manzana + 1 kiwi + 1 plátano + 2 mandarinas + 6 lichis = 5 frutas
- En verano: ¼ de melón + 20 fresas + 3 albaricoques + 120 g de sandía = 5 frutas
- El zumo de 1 naranja
- El zumo de ½ limón
- 2 cucharadas soperas de azúcar mascabado o moreno o sirope de arce (o de agave)
- 1 puñadito de coco rallado
- Para la decoración: 4 flores de borraja (u otra flor comestible) u 8 hojas de menta.

Preparación:

- Lavar, pelar, deshuesar y quitar las pepitas de las frutas. Cortarlas como se indica en la tabla y ponerlas en una ensaladera.
- Añadir el azúcar (o equivalente) y remover.
- Verter el zumo de naranja y de limón sobre las frutas.
- Añadir el coco rallado, reservando una parte para la decoración.
- Mezclar y repartir en 4 boles o copas.
- Disponerlos sobre una bandeja y guardar en la nevera.
- Antes de servir, añadir la decoración: el coco rallado y la flor de borraja o 2 hojas de menta.

La empatía y la comunicación benévola

La alta sensibilidad reposa sobre una gran empatía, al mismo tiempo que sobre una *receptividad* de todos los instantes, es decir, sobre un número impresionante de percepciones tan variadas como abundantes. Esta capacidad para recibir está multiplicada, puesto que incluye tanto la excitabilidad sensorial como la emotividad y la afectividad.

Una receptividad muy fuerte es difícil de regular para el niño o el adolescente. Se siente, pues, rápidamente saturado. Durante esos momentos de saturación (o de sobrestimulación), puede que incluso pierda el acceso a su capacidad de empatía.

He aquí la paradoja de la alta sensibilidad: ser capaz de una inmensa empatía y a la vez perder esta capacidad en los momentos de cansancio o de saturación. Esto explica por qué los niños y adolescentes altamente sensibles sorprenden a su entorno con sus enfados, sus reacciones vivas o los momentos en los que se encierran en sí mismos.

En estas situaciones críticas, o si este tipo de bloqueo se instala, es posible recurrir, en familia o en cualquier otro contexto, a la comunicación no violenta (CNV) o comunicación benévola.

La CNV es un método sencillo y útil, concebido por el estadounidense Marshall Rosenberg, doctor en Psicología.* Permite mejorar nuestra relación con los demás y desarrollar la benevolencia recíproca. Se apoya en la inteligencia emocional aplicada a las situaciones y de las relaciones. Se desarrolla en cuatro etapas:

1. ¿Qué estoy viviendo?

A partir de mis sensaciones, me fijo en lo bien o lo mal que me encuentro. ¿Qué es lo que aumenta o disminuye mi bienestar relacional?

Me tomo el tiempo de pensarlo, sin criticar ni enjuiciar, y luego lo expreso sencillamente, sin reproches.

---

* Marshall Rosenberg, *La communication non violente au quotidien*, Jouvence, 2003 (Publicado en castellano por Acanto con el título *La comunicación no violenta. Un lenguaje de vida*).

DE 0 A 6 AÑOS

DE 6 A 10 AÑOS

DE 10 A 15 AÑOS

Por ejemplo: «Hace dos meses que no me llamas» o «Las tres últimas veces que te he propuesto hacer algo no has querido». La comunicación es factual.

Luego, expreso los sentimientos ligados a la situación: «Me entristece que te vayas», «Me da miedo cuando dices eso», «Me hace feliz que juegues conmigo», etcétera.

Expreso mi necesidad: «Necesito verte durante más tiempo (o con más frecuencia)», «Necesito tiempo para relajarme».

2. ¿Qué puedo pedir para mejorar la relación?

Se trata de pedir, precisamente, algo que vaya a aumentar mi bienestar, mi confianza en la relación y las posibilidades de realizarme.

Utilizo un lenguaje de acción claro y positivo para proponer una acción concreta.

Por ejemplo: «Necesito descansar ahora», «Me gustaría que me dijeras algo que yo haya hecho y que te haya gustado», «Te pido que conduzcas a la velocidad permitida o algo más por debajo» o «Me gustaría que me ayudaras a fregar los platos esta noche».

3. ¿Cómo lo percibe la otra persona?

Voy a tomarme el tiempo de escuchar al otro y tratar de acogerlo sin juzgarlo y con empatía. Centro mi atención en lo que este observa, en lo que puede sentir y en lo que me pregunta.

Para asegurarme de que lo he entendido bien, puedo parafrasear sus palabras o hacerle una pregunta que me ayude a comprender mejor lo que quiere comunicarme.

Por ejemplo: «Los preparativos de la boda de mi hija me ponen de los nervios. Sus suegros están todo el tiempo cambiando de parecer». Puedo responder: «Te enfadas cuando piensas en todo lo que has de preparar para la boda... Te gustaría que los suegros se dieran cuenta de que su indecisión te complica las cosas».

4. ¿Qué está pidiendo la otra persona para facilitar la relación?

Llegados a este punto, puedo ayudar a la otra persona para que exprese una petición concreta y luego recibirla tal y como es. Responderé en función de la petición, expresando aquello que puedo hacer para responder lo mejor posible y facilitar las cosas entre nosotros.

Por ejemplo, mi hijo me pide: «Me gustaría que me ayudaras a hacer los deberes». A lo cual, puedo contestar: «Termino de tender la ropa, me bebo un gran vaso de agua y te dedico una hora antes de ir a hacer la comida».

La comunicación no violenta o benévola facilita enormemente las relaciones en la familia, en la escuela y en todas partes. Debería practicarse en todos aquellos sitios a los que acuden niños o adolescentes. Está particularmente indicada para las personas ultrasensibles, porque tiene directamente en cuenta la sensibilidad de cada uno.

Conclusión

> «La sensibilidad es el tejido mismo de nuestra vida interior, espiritual y afectiva; son las cuerdas que hacen que cante el alma humana».
>
> **Solange Le Chevalier,** *L'Enfant et la concentration*

Los niños muy sensibles son muy receptivos, empáticos, intuitivos y creativos. Dan mucha importancia a los detalles, a los matices, a las sutilidades, y pueden verse rápidamente saturados por prestar atención a tantas cosas. Es fácil que se sientan molestados por los demás (aunque se trate de su entorno más cercano: padres, hermanos, etcétera). Si son introvertidos o reservados, puede que parezcan «tímidos», a pesar de estar particularmente atentos a todo lo que tiene que ver con la otra persona, en especial si se trata de un desconocido. Lo que ocurre es que se toman su tiempo para observarla y comprender cómo abordarla. Su principal preocupación es no molestar y, sobre todo, amoldarse lo mejor posible a los demás, hasta el punto de llegar a borrarse a sí mismos para no ocupar demasiado espacio o para ayudar o proteger a los demás.

Sin que esto signifique «miedo» o «timidez», a menudo necesitan un momento de tranquilidad, solos consigo mismos, para dedicarlo a construir su «crisálida» personal antes de enfrentarse con el mundo e ir al encuentro de los demás.

Por eso a los niños ultrasensibles no les gustan las reuniones familiares ni las grandes aglomeraciones o tienen dificultades para trabajar en grupo, sobre todo si nadie les ofrece la posibilidad de un tiempo de recogimiento, solos y tranquilos, que les permita madurar su reflexión y poner a descansar su sistema nervioso.

Resumiendo, las características más frecuentes por las que podemos detectar alguna forma de hipersensibilidad son:

- Unas percepciones numerosas, acentuadas y aumentadas.
- Unas intensas emociones, que pueden llegar a ser invasivas.
- Una propensión a cansarse antes que los demás.
- Una gran necesidad de descanso o de soledad.
- Una dificultad para estar en grupo, a pesar de apreciar la relación con el prójimo.
- Una grandísima intuición, empatía, sexto sentido, atención al ambiente, a lo que no se dice, etcétera.

Un mejor conocimiento de las características de la alta sensibilidad en el niño permite escucharlo, comprenderlo, ayudarlo y tranquilizarlo mejor, y gracias a ello darle confianza, animarlo y apoyarlo... ¡para que pueda realizarse!

Todo ser vivo se ve afectado por la sensibilidad, y más todavía el ser humano. Los niños expresan su inmensa sensibilidad de manera muy espontánea, con una gran libertad de palabra, mucho candor y frescura. Tal y como afirman los hindúes, son nuestros «maestros» (en el sentido espiritual), porque nosotros, los adultos, tenemos tendencia a desconfiar de nuestra sensibilidad y a reprimir, por tanto, nuestras emociones y guardarnos los sentimientos.

Hemos repasado ciertas situaciones típicas de la vida de los niños particularmente sensibles, desde el nacimiento hasta la adolescencia. Se trata de algunos ejemplos extraídos de la alta variedad de situaciones a las que los padres y los educadores de niños hipersensibles pueden enfrentarse en la vida diaria.

No existe una explicación o solución única en lo que respecta a la sensibilidad humana. Cada niño es singular, cada adulto es igualmente distinto de los demás adultos, cada situación es, en sí misma, específica. Por ello es necesario aceptar la alta sensibilidad de los niños caso por caso, en función de cada situación.

La maravillosa sensibilidad de los niños es todavía más intensa porque son generosos, desean ayudar a los demás y comprenderlos, ansían ser útiles y serviciales. El niño se beneficia de una disposición innata para el amor. Desgraciadamente, esta cualidad puede verse disminuida o destruida por una educación demasiado severa, unos principios demasiado rígidos y unos reproches demasiado exacerbados. Al contrario, por supuesto, la generosidad, la indulgencia y el altruismo también pueden desarrollarse.

A lo largo del camino hemos descubierto tres leyes fundamentales sobre la alta sensibilidad:

1. Todos los niños (chicos o chicas) tienen alta sensibilidad, al menos hasta los siete años, a menudo mucho después. La sensibilidad está de nuevo a flor de piel durante todo el periodo de la adolescencia, con sus numerosas transformaciones.

2. La alta sensibilidad no es genética, forma parte de la condición humana. Proviene de una gran receptividad, a partir de todas las percepciones o información variada y matizada que el niño toma en cuenta para comprender el mundo y crecer. Por el contrario, la sensibilidad es «genealógica», porque las experiencias humanas vividas por los padres y los abuelos modelan la concepción que cada familia tiene de ella.

3. No es la hipersensibilidad lo que genera la empatía, sino la capacidad de empatía lo que

permite el desarrollo de la sensibilidad. Una mayor empatía predispone, pues, a una alta sensibilidad.

También hemos descubierto que todas las actividades que favorecen el desarrollo del *equilibrio* están particularmente indicadas en los niños ultrasensibles y que estos las pueden practicar a diario.

Por último, todos los testimonios recogidos coinciden en la necesidad de un *refugio* para el niño y en la importancia fundamental del *vínculo*. Dicho de otra manera, lo que cuenta no es saber o tener razón, sino desarrollar una relación fiable para el niño y con el niño.

Como adultos, nuestro papel con los niños comienza por un reencuentro necesario con nuestra propia infancia, nuestros primeros recuerdos y deseos, pero también con la memoria de la sensibilidad de aquellos años, en concreto de nuestras emociones infantiles. Solo con esta condición podremos demostrar una verdadera empatía con los niños pequeños y no tan pequeños, para comprenderlos, acompañarlos y ayudarlos a superar mejor sus dificultades cuando estas se presenten. Exige dedicar tiempo tanto a nosotros mismos como al niño, así como un poco de humildad con la que evitar creer que lo sabemos todo e intentar aplicar tal o cual teoría.

Una vez liberados de nuestras creencias, podremos vivir de lleno la relación con el niño. Sabemos de sobra que una relación así no solo es hermosa y revitalizante, sino, sobre todo, auténtica.

Así, el niño será capaz de encontrar por sí mismo, en esta sinceridad, la fuerza para crecer y desarrollarse. Su realización y su alegría serán el regalo espontáneo que recibiremos a cambio. En función de su libertad y su vitalidad, podremos medir la autenticidad de nuestro apoyo.

Todo esto no es ninguna ilusión, no se trata de un sueño humano en el sentido noble de la palabra, sino del resultado de una larga experiencia con niños y adolescentes.

Por tanto, acordémonos de la importancia de detenernos a tranquilizar, reconfortar, apoyar y alentar al niño, ante cualquier circunstancia, para acompañarlo en su crecimiento humano. Se trata de acoger la sensibilidad de cada niño tal y como se presente, tal y como sea, en el instante preciso, para ayudarlo a expresarla, a familiarizarse con ella y a desarrollarla.

Lo esencial de la relación con el niño es que estemos en contacto con él como persona, que estemos presentes en su vida y en lo que le sucede. Por este hermoso camino es como aprendemos cada día.

Bibliografía

Audrey Akoun e **Isabelle Pailleau,** *Apprendre autrement avec la pédagogie positive*, Eyrolles, 2013.

Céline Álvarez, *Las leyes naturales del niño*, Aguilar, 2017.

Didier Anzieu,
El yo-piel, Biblioteca Nueva, 2010.
El grupo y el inconsciente, Biblioteca Nueva, 2009.

Elaine Aron, *El don de la sensibilidad*, Obelisco, 2014.

Jean-Louis Auduc, *Sauvons les garçons*, Descartes et Cie, 2009.

Sylvie Ayral, *La Fabrique des garçons. Sanctions et genre au collège*, PUF, 2011.

Mickaël Balint, *La falta básica: aspectos terapéuticos de la regresión*, Paidós Ibérica, 1993.

J.-P. Bellon y **B. Gardette,** *Harcèlement et cyber-harcèlement à l'école*, ESF, 2014.

Jean Bergès y **Gabriel Balbo,**
L'Enfant et la Psychanalyse, Masson, 1996.
Jeu des places de la mère et de l'enfant. Essai sur le transitivisme, Erès, 1998.

Wilfred R. Bion, *Recherches sur les petits groupes*, PUF, 1965.

John Bowlby, *Amour et rupture: les destins du lien affectif*, Albin Michel, 2014.

Else Marie Bruhner, *Hypersensible, et alors?*, BoD, 2016.

Anne-Marie Bruyant, *La Danse libre*, Rolland, 2012.

Howard Buten, *Cuando yo tenía cinco años, me maté*, Blackie, 2013.

Stéphane Clerget, *Nos garçons en danger*, Flammarion, 2015.

Marie-Claude Defores, *Du Védanta à la psychanalyse ou le chemin de connaissance*, CVR, 2005.

Marie-Claude Defores e **Yvan Piedimonte,** *La Constitution de l'être*, Bréal, 2009.

Pierre Delaunay, *Les Quatre Transferts*, Fédération des Ateliers de Psychanalyse, 2012.

Jeannine Deun, *Dis maîtresse, c'est quoi la mort?*, L'Harmattan, 2001.

Françoise Dolto,
> *Psicoanálisis y pediatría*, Siglo XXI, 2005.
> *La imagen inconsciente del cuerpo*, Paidós Ibérica, 2010.
> *Tout est langage*, Gallimard, 1994.

Sylvie d'Esclaibes, *Fomenta la confianza de tus hijos con el método Montessori*, Edaf, 2018.

Sándor Ferenczi,
> *Psychanalyse IV*, Payot, 1982. *Journal clinique*, Payot, 1985.
> *Confusion de langue entre les adultes et l'enfant*, Payot, 2004.

Robert Fisher, *El caballero de la armadura oxidada*, Obelisco, 2014.

Susan Forward, *Ces mères qui ne savent pas aimer*, Marabout, 2016.

Michèle Freud, *Enfants, ados... les aider à dormir enfin*, Albin Michel, 2015.

Sigmund Freud
> *Tótem y Tabú*, Alianza Editorial, 2015.
> *Cinco conferencias sobre psicoanálisis*, Amorrortu, 2016.
> *Psicopatología de la vida cotidiana*, Alianza Editorial, 2013.
> *El yo y el ello y otros ensayos de metapsicología*, Alianza Editorial, 2012.
> *Névrose, psychose et perversion*, PUF, 1974.
> *La cuestión del análisis profano,* Alhambra, 1989.
> *El malestar en la cultura*, Alianza Editorial, 2016.
> *El porvenir de una ilusión*, Createspace Independent, 2017.
> *Compendio del psicoanálisis*, Tecnos, 1985.
> *Inhibición, síntoma y angustia*, Amorrortu, 2017.
> *La interpretación de los sueños*, Alianza Editorial, 2011.

André Green, *Illusions et désillusions du travail psychanalytique*, Odile Jacob, 2010.

Catherine Gueguen, *Pour une enfance heureuse*, Pocket, 2015.

Albert Jacquard, *Être humain?*, Éditions de l'Aube, 2005.

Melanie Klein,
    Essais de psychanalyse, Payot, 1967.
    Envidia y gratitud, Paidós, 1991.

Carole Labédan, *Del abuso al incesto: la realidad robada*, Psimática, 2018.

Jacques Lacan, *Escritos*, Biblioteca Nueva, 2013.

Ronald D. Laing, *El yo dividido*, Fondo de Cultura Económica de España, 1978.

Solange Le Chevalier, *L'Enfant et la Concentration*, Le courrier du livre, 1987.

Daniel Lemler, *Répondre de sa parole*, Érès, 2001.

Emmanuel Levinas,
    Ética e infinito, Machado libros, 2017.
    Éthique comme philosophie première, Payot, 1998.

Marie Lion-Julin, *Mères: libérez vos filles*, Odile Jacob, 2010.

Alice Miller,
    Por tu propio bien: raíces de la violencia en la educación del niño, Tusquets, 2006.
    L'enfant sous terreur, Aubier, 1986.

Béatrice Millêtre, *Le Burn-out des enfants*, Payot, 2016.

Maria Montessori, *El niño: el secreto de la infancia*, Diana, 2004.

Claude Nachin,
    À l'aide, y a un secret dans le placard!, Fleurus, 1999.
    La Méthode psychanalytique, Armand Colin, 2004.

Aldo Naouri, *Une place pour le père*, Seuil, 1985.

Alexander S. Neill, *La Liberté pas l'anarchie*, Payot, 2011.

Marie-France de Palacio, *Ta sensibilité te tuera*, Max Milo, 2016.

Jean-Bertrand Pontalis, *La Fuerza de la atracción*, Siglo XXI, 2016.

Philippe Réfabert y **Barbro Sylwan,** *Freud, Fliess, Ferenczi, des fantômes qui hantent la psychanalyse*, Hermann, 2011.

Emmanuelle Rigon, *Les Enfants hypersensibles*, Albin Michel, 2015.

Marshall B. Rosenberg, *La comunicación no violenta. Un lenguaje de vida*, Acanto, 2017.

Jean-Jacques Rousseau, *Emilio o De la educación,* Alianza Editorial, 2014.

Antoine de Saint-Exupéry, *Tierra de hombres*, Salamandra, 2000.

Nathalie Sarraute, *Infancia*, Alfaguara, 1984.

Harold Searles, *L'Effort pour rendre l'autre fou*, Gallimard, 1977.

Eline Snel, *Tranquilos y atentos como una rana. Tu guía práctica de serenidad*, Kairós, 2018.

Colette Soler, *Lacan, el inconsciente reinventado*, Amorrortu, 2013.

Spinoza, *Ética*, Espuela de Plata, 2017.

Serge Tisseron,

Tintin chez le psychanalyste, Aubier, 1985.

La Honte, Dunod, 1992.

Secrets de famille, mode d'emploi, Ramsay, 1996.

Manuel à l'usage des parents dont les enfants regardent trop la télévision, Bayard, 2004.

Vérités et mensonges de nos émotions, Albin Michel, 2005.

Saverio Tomasella,

Le Sentiment d'abandon, Eyrolles, 2010.

Renaître après un traumatisme, Eyrolles, 2011.

Hypersensibles, trop sensibles pour être heureux?, Eyrolles, 2012.

La Folie cachée, Albin Michel, 2015.

À fleur de peau, Leduc.s, 2017.

Attention, cœurs fragiles, Eyrolles, 2018.

Maria Torok, *Une vie avec la psychanalyse*, Aubier, 2002.

Marie-Jeanne Trouchaud, *La Violence à l'école*, Eyrolles, 2016.

Bessel van der Kolk, *El cuerpo lleva la cuenta*, Eleftheria, 2017.

Éric Verdier y **Jean-Marie Firdion,** *Homosexualités et suicide*, H&O, 2003.

Donald W. Winnicott

El proceso de maduración en el niño, Laia, 1981.

L'Enfant et le monde extérieur, Payot, 1972.

Realidad y juego, Gedisa, 2008.

Psicoanálisis de una niña pequeña: the piggle, Gedisa, 2012.

La Naturaleza humana, Paidós Ibérica, 1993.

Conozca a su niño: Psicología de las primeras relaciones entre el niño y su familia, Paidós, 1994.

Escritos de pediatría y psicoanálisis, Paidós Ibérica, 2002.
Los bebés y sus madres, Paidós Ibérica, 1998.
Conseils aux parents, Payot, 1995.
L'Enfant, la psyché et le corps, Payot, 1999.

Artículos en inglés

Aron, E. N., Aron, A. y Jagiellowicz, J., 2012. «Sensory processing sensitivity: a review in the light of the evolution of biological responsivity», en *Personality and Social Psychology Review*, 16 (3), pp. 262-282.

Pluess, M. y Boniwell, I., 2015. «Sensory-processing sensitivity predicts treatment response to a school-based depression prevention program evidence of vantage sensitivity», en *Personality and Individual Di erences*, 82, pp. 40-45.

Homberg, J. R., Schubert, D. Asan, E. y Aron, E. N. (2016). «Sensory processing sensitivity and serotonin gene variance: Insights into mechanisms shaping environmental sensitivity», en *Neuroscience and Biobehavioral Reviews*, 71, pp. 472-483.

Paulus M. P. y Stein M. B., «An insular view of anxiety», en *Biological Psychiatry*, vol. 60, n.º 4, agosto de 2006, pp. 383-387.

Thayer J. F. y Lane R. D., «A model of neurovisceral integration in emotion regulation and dysregulation», en *Journal of A ective Disorders*, vol. 61, n.º 3, diciembre de 2000, pp. 201-216.

Sugerencias de películas y libros

Algunas películas para ver con niños una y otra vez

Para los más pequeños

Caillou (96 episodios), Christine L'Heureux y Hélène Desputeaux, Canadá, África del Sur, 1997-2010.

Kirikú y la bruja, Michel Ocelot, Francia, Bélgica, Luxemburgo, 1998.

El niño del cascabel, Jacques-Rémy Girerd, Francia, 1998.

Léo et Popi (104 episodios, en francés), Helen Oxenbury, Francia, 1994.

Les Aventures de Petit Ours brun (52 episodios, en francés), Francia, 2003.

Mi vecino totoro, Hayao Miyazaki, Japón, 1988.

Petit Ours brun (66 episodios, en francés), Francia, 1988.

Para niños a partir de 4 años

Arrietty y el mundo de los diminutos, Hiromasa Yonebayashi, Japón, 2010.

Azur y Asmar, Michel Ocelot, Francia, 2006.

Blancanieves y los siete enanitos, Walt Disney, Estados Unidos, 1937.

Cenicienta, Walt Disney, Estados Unidos, 1950.

Kiki, la aprendiz de bruja, Hayao Miyazaki, Japón, 1989.

La Bella Durmiente, Walt Disney, Estados Unidos, 1959.

La Dama y el Vagabundo, Walt Disney, Estados Unidos, 1955.

Historia de una gaviota (y del gato que le enseñó a volar), Enzo D'Alò, Italia, 1998.

La princesa y el sapo, Walt Disney, Estados Unidos, 2009.

La profecía de las ranas, Jacques-Rémy Gired, Francia, 2003.

Up, Pete Docter y Bob Peterson, Pixar, Walt Disney, Estados Unidos, 2009.

El libro de la selva, Walt Disney, Estados Unidos, 1967.

Pulgarcito, Michel Boisrond, Francia, 1972.

El principito, Mark Osborne, Francia, 2015.

101 dálmatas, Walt Disney, Estados Unidos, 1961.

El viaje de Arlo, Walt Disney, Estados Unidos, 2015.

Merlín el encantador, Walt Disney, Estados Unidos, 1963.

Mulán, Walt Disney, Estados Unidos, 1988.

Oseam, Baek-Yeop Sung, Corea del Sur, 2003.

Pocahontas, Walt Disney, Estados Unidos, 1995.

Para niños a partir de 7 años

Hugo, Martin Scorsese, Estados Unidos, 2011.

El castillo ambulante, Hayao Miyazaki, Japón, 2004.

El castillo en el cielo, Hayao Miyazaki, Japón, 1986.

Los chicos del coro, Christopher Barratier, Francia, 2004.

El rey león, Walt Disney, Estados Unidos, 1994.

El viaje de Chihiro, Hayao Miyazaki, Japón, 2001.

Monstruos S. A., Pete Docter, Pixar, Walt Disney, Estados Unidos, 2001.

La princesa Mononoke, Hayao Miyazaki, Japón, 1997.
Toy Story, John Lasseter, Pixar, Walt Disney, Estados Unidos, 1995.
Zootrópolis, Walt Disney, Estados Unidos, 2016.

Para niños a partir de 10 años y más

Billy Elliot, Stephen Daldry, Reino Unido, 2000.
Harry Potter y la piedra filosofal, Chris Columbus, Reino Unido, Estados Unidos, 2001.
Harry Potter y la cámara secreta, Chris Columbus, Reino Unido, Estados Unidos, 2002.
Harry Potter y el prisionero de Azkaban, Alfonso Cuarón, Reino Unido, Estados Unidos, 2004.
Harry Potter y el cáliz de fuego, Mike Newell, Reino Unido, Estados Unidos, 2005.
Harry Potter y la Orden del Fénix, David Yates, Reino Unido, Estados Unidos, 2007.
Harry Potter y el misterio del príncipe, David Yates, Reino Unido, Estados Unidos, 2009.
Harry Potter y las reliquias de la muerte 1 y 2, David Yates, Reino Unido, Estados Unidos, 2010 y 2011.
Las crónicas de Narnia, Andrew Adamson, Estados Unidos, 2005.

Cuentos que sientan bien

Dans le noir de la nuit, Magdalena et Christine Davenier, Flammarion jeunesse, Père Castor, 2016.
Et si j'étais... un lion?, Ève Tharlet, Nord-Sud, 1993.
Hérisson et Ourson. Contes de la forêt profonde, Susan Varley, Serguei Kozlov, Bayard Jeunesse, 1997.
Le Garçon qui ne connaissait pas la peur, Anaïs Vaugelade, L'École des Loisirs, 2009.
El principito, Antoine de Saint-Exupéry, Salamandra, 2014.

Lili a peur de la mort, Dominique de Saint-Mars y Serge Bloch, Calligram, 2009.

Lili no se quiere acostar, Dominique de Saint-Mars y Serge Bloch, La Galera, 1996.

Ma maîtresse est un dragon, 30 histoires pour aimer l'école, Sophie Carquain, Zethel, 2016.

Mon yoga, Catherine Millepied-Flori, Zethel, 2017.

Pequeñas historias para hacerse mayor, Sophie Carquain, Edaf, 2006.

El libro grande de Osito Pardo, Marie Aubinais y Danièle Bour, Bayard Revistas, 2001.

Petit Tom au pays de Séréna, Carole Serrat, Kabuki, Zethel, 2016.

Chupi, Thierry Courtin, La Galera.

Tú y yo, osito, Martin Waddell y Barbara Firth, Kókinos, 2001.

¿No duermes, osito?, Martin Waddell y Barbara Firth, Kókinos, 2009.

100 histoires du soir, Sophie Carquain, Marabout, 2014.

Listado de juegos y actividades creativas

 ## Juegos

Películas

🪄 Trucos y actividades

ℹ️ Información

✔️ Cuestionarios

Otras publicaciones del autor

À fleur de peau. Le roman initiatique des hypersensibles, Leduc.s, París, 2017.

Le Syndrome de Calimero, Albin Michel, París, 2017.

Petites peurs ou grosses terreurs, Leduc.s, París, 2016.

Les Relations fusionnelles, Eyrolles, París, 2016.

La Folie cachée, Albin Michel, París, 2015.

Renaître après un traumatisme, Eyrolles, París, (2011), 2015 (Premio Nicolas Abraham et Maria Torok 2012).

L'Emprise affective - Sortir de sa prison, Eyrolles, París, 2014.

Pour Brigitte. Six poèmes sur des peintures d'Alain Boullet, Alain Boullet, Niza, 2014.

Hypersensibles - Trop sensibles pour être heureux?, Eyrolles, París, 2012.

Le Transfert - Pour qui me prenez-vous?, Eyrolles, París, 2012.

Les Amours impossibles - Accepter d'aimer et d'être aimé, Eyrolles, París, 2011.

L'Inconscient - Qui suis-je sur l'autre scène?, Eyrolles, París, 2011.

Le Chant des songes, Les éditions Persée, Aix-en-Provence, 2010.

La Perversion - Renverser le monde, Eyrolles, París, 2010.

Le Sentiment d'abandon - Se libérer du passé pour exister par soi-même, Eyrolles, París, 2010.

Le Surmoi - Il faut, je dois, Eyrolles, París, 2009.

Oser s'aimer - Développer la confiance en soi, Eyrolles, París, 2008.

Vivre en relation - S'ouvrir et rencontrer l'autre, con Gilles Pho, Eyrolles, París, 2006.

Habiter son corps, con Christine Hardy, Eyrolles, París, 2006.

Les Configurations familiales atypiques et leurs implications humaines, con Karin Trystram, Eyrolles, París, febrero de 2006.

Personne n'est parfait! Accepter ses différences, con Catherine Podguszer, Eyrolles, París, 2005.

Faire la paix avec soi-même, Eyrolles, París, 2004.